ALTER *ego*

FRENCH METHOD

1

WORKBOOK

Annie BERTHET
Catherine HUGOT
Béatrix SAMPSONIS
Monique WAENDENDRIES

Teachers at the Alliance Française in Paris

HACHETTE
Français langue étrangère
www.hachettefle.fr

Crédits photographiques

p. 30 : © Alfred Wolf/Hoa-Qui, © Scott Doug/AGE Fotostock/Hoa-Qui, © Gérald Morand-Grahame/Hoa-Qui, © Hervé Champollion/TOP, © Ehlers Chad/AGE Fotostock/Hoa-Qui.

p. 33 : © Ulrike Schanz/Jacana, © Claude Pavard/Jacana, © Cornélia et Ramon Dorr/Jacana, © Michel Denis-Huot/Jacana.

p. 65 : Gamma : © Étienne De Malglaive, © David Silpa/UPI/Gamma, © Beinainous-Duclos, © David Lefranc/Gamma, © Tsuni/Gamma, © Unit 2/X17agency.com, © Sébastien Dufour/Gamma, © 0463.

p. 78 : © Philippe Leroy pour *Elle*.

p. 88 : Jacques Carelman, *Le Catalogue des objets introuvables,* © ADAGP, Paris 2006.

Conception graphique et couverture : Amarante

Illustrations : Bernard Villiot

Mise en pages : MÉDiAMAX

ISBN : 978-2-01-155519-9

© Hachette Livre 2007, 43, quai de Grenelle, F 75 905 Paris Cedex 15.

DU CÔTÉ DU **LEXIQUE**

LES LANGUES

1

Say in which language these words are written.

Exemple : voyage ➜ *C'est écrit* **en français.**

| **1.** travel | **2.** du lịch | **3.** viaggio | **4.** путешествие | **5.** سفر | **6.** 旅行 |

1. .... 4. ....

2. .... 5. ....

3. .... 6. ....

LES NATIONALITÉS

2

Find the nationality of each diplomat.

Exemple : ➜ *C'est un diplomate* **marocain.**

1. ITALIE   2. ALLEMAGNE   3. CHINE   4. ESPAGNE

1. ....

2. ....

3. ....

4. ....

LES NOMBRES

3

Write out the numbers in words.

AMSTERDAM	CHICAGO	SYDNEY
EMBARQUEMENT	EMBARQUEMENT	EMBARQUEMENT
PORTE 68	PORTE 15	PORTE 43

1. Porte .... 2. Porte .... 3. Porte ....

LYON	KYOTO
EMBARQUEMENT	EMBARQUEMENT
PORTE 12	PORTE 21

4. Porte .... 5. Porte ....

4

Work out how much each traveller gets. Write the amount in numbers then in words.

Exemple : 20 € + 30 € + 15 € + 2 € = **67** *euros =* **soixante-sept** *euros*

1. 20 € + 20 € + 10 € + 3 € = ...

2. 5 € + 5 € + 8 € = ...

3. 20 € + 10 € + 5 € = ...

4. 20 € + 10 € + 10 € + 2 € = ...

5. 20 € + 10 € + 20 € + 5 € + 1 € = ...

DU CÔTÉ DE LA GRAMMAIRE

LE MASCULIN ET LE FÉMININ DES ADJECTIFS DE NATIONALITÉ

5

Look at the passengers' names. Complete their nationalities.

Vol AF 1426	New York-Paris
Mlle Patricia TRACE	canad...................
M. Franz MULLER	autrich.................
M. Michal KIESLOWSKI	polon....................
Mme Sofia VOLGOROF	russ......................
M. Mathias LORENZ	alleman.................
Mlle Suzy PARKER	améric..................
Mme Pierette LEGRAND	franç...................
M. Yong QIU	chin....................

6

Identify the nationality of each of the following airlines.

Exemple : Air France ➜ *C'est une compagnie* **française.**

1.	Lufthansa	C'est une compagnie ....
2.	America West Airlines	C'est une compagnie ....
3.	Japan Airlines	C'est une compagnie ....
4.	Austrian Airlines	C'est une compagnie ....
5.	Korean Airlines	C'est une compagnie ....
6.	Iberia	C'est une compagnie ....
7.	Nouvelair Tunisia	C'est une compagnie ....
8.	Aeroflot Russian Airlines	C'est une compagnie ....
9.	Shanghai Airlines	C'est une compagnie ....
10.	Alitalia	C'est une compagnie ....

LES VERBES *ÊTRE* ET *S'APPELER*

7

Complete the sentences with *je*, *tu*, *il* or *vous*.

1. – Bonjour, ... m'appelle Marco Ferrero, ... suis italien. Et vous, ... êtes ?

   – Moi, ... m'appelle Sonia Pages, ... suis espagnole. Et voici mon collègue, Alberto Da Silva.

   .... est brésilien.

   – Ah ! .... êtes brésilien. Alors, ... parlez portugais !

2. – .... t'appelles Alicia, c'est ça ?

   – Non, ... m'appelle Tania. Alicia, c'est mon amie.

8

Complete the sentences with the appropriate form of the verbs *être* or *s'appeler*.

1. – Bonjour, je .... Elena Gravas, je .... grecque. Et vous ?

   – Moi, je .... japonaise. Je .... Yoko Mitsuko.

2. – Qui est-ce ?

   – C'est le pilote de l'Airbus A380. Il .... Thierry Morand, il .... français.

3. – Je .... américaine, et toi, tu .... française ?

   – Oui, je .... française.

DU CÔTÉ DE LA **COMMUNICATION**

SALUER

9

Tick the correct sentence.

1. Pour épeler le prénom.
   - ☐ **a.** Je m'appelle Élisabeth.
   - ☐ **b.** É-L-I-S-A-B-E-T-H.
   - ☐ **c.** C'est Élisabeth.

2. Pour dire la nationalité.
   - ☐ **a.** Je parle anglais.
   - ☐ **b.** Il s'appelle Tom.
   - ☐ **c.** Je suis anglais.

3. Pour demander le nom.
   - ☐ **a.** Vous êtes américain ?
   - ☐ **b.** Vous vous appelez comment ?
   - ☐ **c.** Vous parlez quelle langue ?

10

Answer the employee's questions.

1. 2. 3. 4.

1. ....

2. ....

3. ....

4. ....

COMMUNIQUER EN CLASSE

11

Who would say these sentences in a classroom? Tick the correct answer.

		Le professeur	Les étudiants	Le professeur ou les étudiants
1.	Écoutez le dialogue.			
2.	Comment on dit *house* en français ?			
3.	Comment ça s'écrit ?			
4.	Travaillez par deux.			
5.	Comment ça se prononce ?			
6.	Soulignez les questions.			
7.	Répétez la phrase.			
8.	Je ne comprends pas.			
9.	C'est à quelle page ?			
10.	Je ne sais pas.			

DU CÔTÉ DU LEXIQUE

LES JOURS DE LA SEMAINE

1

Put the days of the week in the right order.

jeudi	mardi	samedi
dimanche	mercredi	vendredi

lundi

LES MATIÈRES ÉTUDIÉES

2

Look at the drawings and write down the name of each subject.

Exemple : → *le commerce international*

1. 2. 3. 4.

1. ....

2. ....

3. ....

4. ....

DU CÔTÉ DE LA GRAMMAIRE

LES PRONOMS PERSONNELS

3

Complete the sentences with *tu*, *vous* or *je*.

Dans un cocktail de bienvenue à l'université

1. – Bonjour, ... me présente : .... m'appelle Mathias Lorenz, ... suis allemand. Et .... ?

   – .... m'appelle Maria, ... suis polonaise.

   – .... êtes étudiante ?

   – Non, ... suis professeur.

2. – Bonjour Alice, ... vas bien ?

   – Oui, bien, et toi ?

   – Ça va.

3. – Mademoiselle .... parlez anglais ?

– Oui, ... suis américaine.

4. – .... t'appelles comment ?

– Amina.

– .... es française ?

– Oui, et toi ?

LES ARTICLES DÉFINIS

4

Complete the students' introductions with the articles *le, la, l'* or *les*.

1. Je suis étudiant à .... université de Grenoble. J'étudie .... littérature française et .... anglais.

2. Je m'appelle Marco, j'étudie .... relations internationales. J'ai mes cours .... après-midi, je suis libre ...... matin.

3. Je m'appelle Julien, j'étudie .... langues. Je parle chinois, et je suis libre .... après-midi pour accueillir .... nouveaux étudiants chinois.

LES ADJECTIFS POSSESSIFS

5

Complete the following with *mon, ma* or *mes*.

1. .... nom

2. .... nationalité

3. .... âge

4. .... études

5. .... jours libres

6. .... ami

7. .... professeur

8. .... salle de classe

LES VERBES *ÊTRE* ET *AVOIR*

6

Complete the conversations below with the appropriate form of the verbs *être* or *avoir*.

Conversations entre étudiants

1. – Tu .... américain ?

– Non, je .... anglais.

– Tu .... quel âge ?

– Je .... vingt ans.

– Tu .... beaucoup de temps libre ?

– Oui, je .... le mardi et le jeudi libres, alors je .... bénévole à l'accueil de l'université.

2. – Nous .... une amie super, elle .... espagnole et elle .... étudiante en sciences.

– Vous ne .... pas d'amis français ?

– Non, nous .... toujours avec des amis étrangers.

3. – John et Pedro .... brésiliens ?

– Non, pas exactement. John .... américain et Pedro .... brésilien.

– Mais John ne .... pas l'accent américain !

4. – Les professeurs .... bons ?

– Oui, mon professeur d'économie .... super ! Mais nous .... beaucoup de travail !

LA FORME NÉGATIVE

7

There has been a misunderstanding. Reply in the negative.

1. Non, non, je .... Carlos Marquez, je m'appelle Carlos Lopez !

2. Non, non, elle .... allemande, elle est suédoise !

3. Non, non, ils .... le mardi après-midi libre, ils ont le mardi matin libre !

4. Non, non, nous .... étudiants en architecture, nous sommes étudiants en littérature !

5. Non, non, vous .... un accent français, vous avez un accent belge !

6. Non, non, le jeudi, tu .... tes cours le matin, tu as tes cours l'après-midi !

7. Non, non, je .... vingt ans, j'ai vingt-deux ans !

DU CÔTÉ DE LA **COMMUNICATION**

SALUER

8

Tick the two sentences corresponding to each situation.

1. Vous saluez de manière formelle.

   ☐ **a.** Bonjour, madame, vous allez bien ?

   ☐ **b.** Bonsoir, monsieur, comment allez-vous ?

   ☐ **c.** Salut, Marion, ça va ?

2. Vous prenez congé de manière formelle.

   ☐ **a.** Au revoir, mademoiselle, à lundi !

   ☐ **b.** Salut, à bientôt !

   ☐ **c.** Au revoir, monsieur, à demain !

3. Vous saluez de manière informelle.

   ☐ **a.** Salut ! Ça va ?

   ☐ **b.** Bonsoir, mademoiselle, comment allez-vous ?

   ☐ **c.** Bonjour, tu vas bien ?

4. Vous prenez congé de manière informelle.

   ☐ **a.** Au revoir, madame, bonne soirée !

   ☐ **b.** Salut ! À demain !

   ☐ **c.** Ciao !

9

Write two dialogues using the phrases below.

– Bonjour, Mme Leclerc !

– Très bien. Bonne journée !

– Au revoir tout le monde, bonne soirée !

– Bonjour, M. Lenoir, comment allez-vous ?

– Bien, merci, et vous ?

– Salut, Sophie ! Bonne soirée à toi aussi et à demain.

1. ....

....

....

....

....

2. ....

....

COMPRENDRE – ÉCRIT 👁

LA JOURNÉE DE JULIETTE

10

Match the dialogues and the drawings.

a. Dialogue n° .....

b. Dialogue n° .....

c. Dialogue n° .....

d. Dialogue n° .....

e. Dialogue n° .....

f. Dialogue n° .....

1. – Bonjour, Juliette ! Ça va ?

– Ça va, et vous ?

– Ça va. Bonne journée !

2. – Salut ! Tu vas bien ?

– Oui, et toi ?

– Ça va.

3. – Bonjour, M. Renaud.

– Bonjour, Juliette.

4. – Entrez, Mlle Laurent.

– Bonjour, monsieur.

– Bonjour, comment allez-vous ?

– Bien merci, et vous ?

– Très bien.

5. – Eh, Juliette !

– Salut, tu vas bien ?

– Ça va ! Viens à ma table !

– D'accord.

6. – Bon, c'est l'heure, j'y vais.

Au revoir, tout le monde !

– Salut, Juliette !

– Ciao !

– Bonne soirée !

S'EXPRIMER – ÉCRIT ✏

SALUTATIONS

11

What are they saying? Write your answers on a separate sheet of paper.

1.

2.

3.

4.

1. Sophie et Arnaud arrivent à l'université et se saluent.

2. Théo part, il salue Mme Langlois, une voisine.

3. Victoria part, elle salue ses amies.

4. Mathilde, Thomas, Cécile ont rendez-vous le soir à la discothèque.

LES MOIS DE L'ANNÉE

1

Complete the list of months, as shown below.

1. A comme avril, comme ....

2. D comme ....

3. F comme ....

4. J comme ....,

comme ....,

comme ....

5. M comme ....,

comme ....

6. N comme ....

7. O comme ....

8. S comme ....

LES NOMBRES

2

Find ten numbers made up of two or more figures from the list below. Write them in words and then in figures.

quarante – vingt – un – dix – et – quatre – sept – onze – neuf – quinze – soixante

Exemple : soixante-dix-sept, 77

1. ....

2. ....

3. ....

4. ....

5. ....

6. ....

7. ....

8. ....

9. ....

10. ....

3

Complete the cheques below. Write the amount in words.

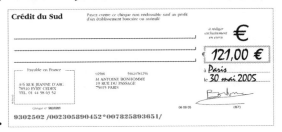

1.

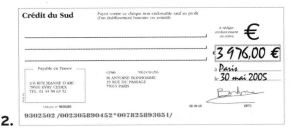

2.

L'IDENTITÉ

4

What is the information required? Complete.

GYM-CLUB

Merci de bien vouloir compléter le formulaire.

.... : BERGMANN

.... : Alicia

.... : 21 ans

.... : allemande

.... : commerce international

.... : 114, av. Victor-Hugo, Vanves

.... : 06 40 70 80 91

.... : berg.al@wanadoo.fr

LES ARTICLES INDÉFINIS

5

Complete the following with *un, une* or *des*.

1. *Pour une inscription*

...... pièce d'identité, ... passeport ou ...... carte nationale d'identité, ... photos, ... formulaire d'inscription

2. *À l'université*

.... étudiants, ... professeurs, ... salle d'informatique, ... restaurant universitaire, ... livres

3. *Un lieu*

.... magasin, ... médiathèque, ... bureau, ... couloir, ... escalier

4. *Des personnes*

.... employé, ... vendeur, ... étudiante, ... professeur, ... vendeuse

LES ADJECTIFS INTERROGATIFS *QUEL* ET *QUELLE*

6

Complete the following questions with the correct form *quel* or *quelle*.

Au secrétariat de l'université

1. .... est votre nom ?

2. .... est votre âge ?

3. .... est votre nationalité ?

4. .... langue parlez-vous ?

5. .... est votre numéro de téléphone ?

6. .... est votre adresse ?

DEMANDER/DONNER L'IDENTITÉ

7

Match the questions with their answers.

1. Quel est votre nom ?

2. Quelle est votre nationalité ?

3. Quelle est votre date de naissance ?

4. Quelle est votre adresse ?

5. Vous avez une photo ?

6. Quel est votre numéro de téléphone ?

7. Quelle est votre adresse e-mél ?

8. Combien ça coûte, l'inscription ?

a. Le 10 juillet 1982.

b. 16, rue du Pré-aux-Clercs, 75007 Paris.

c. C'est gratuit.

d. Je m'appelle Louise Diaz.

e. dilouise@aol.com.

f. Je suis espagnole.

g. C'est le 01 45 48 28 32.

h. Oui, voilà.

DONNER SON NUMÉRO DE TÉLÉPHONE

8

Tick the correct answers.

Pour donner votre numéro de téléphone, vous dites :

- ☐ **a.** Mon téléphone a le numéro 01 42 58 63 01.
- ☐ **b.** C'est le 01 42 58 63 01.
- ☐ **c.** Mon numéro est le 01 42 58 63 01.

9

Read *Le Point culture* again (Student's book p. 24) and match each person with the right phone number.

1. M. Blitz à Lille		**a.** 02 98 44 15 61
2. M. Jean Nguyen à Paris		**b.** 03 28 38 13 22
3. Nicolas Barbus à Bordeaux		**c.** 04 93 64 75 25
4. Mlle Charlier à Nice		**d.** 01 42 87 94 00
5. Mme Noëlle Viala à Brest		**e.** 05 56 92 04 97

EN SITUATION

S'EXPRIMER – ÉCRIT ✐

MA CARTE DE VISITE

10

On a separate sheet of paper, create your own personal or business card.

INSCRIPTION

11

You want to join a language school. Fill in this enrolment form.

FORMULAIRE D'INSCRIPTION

NOM : ....

PRÉNOM : ....

DATE DE NAISSANCE : ....

NATIONALITÉ : ....

ADRESSE : ....

....

....

NUMÉRO DE TÉLÉPHONE : .... PORTABLE : ....

LANGUES PARLÉES : ....

ÉVÉNEMENTS ET LIEUX CÉLÈBRES

1

a) Find out the correct names of these events and places.

1. Events: ....

    ....

    ....

2. Places : ....

    ....

    ....

le Tour	du Louvre
la fête	de France
le feu d'artifice	du 14 juillet
la Tour	de la Musique
le musée	d'argent

b) Do you know of any other famous events or places in France? Make a list.

....

....

....

LES NOMS DE PAYS

2

Classify the countries by continent.

le Kenya – le Japon – le Portugal – la Nouvelle-Zélande – l'Italie – le Mexique – la Grèce – l'Espagne – le Canada – le Mali – l'Autriche – l'Angleterre – l'Argentine – la Chine – l'Australie – la Suède – la Colombie – l'Inde – la Suisse

1. L'Afrique : ....

2. L'Amérique : ....

3. L'Asie : ....

4. L'Europe : ....

5. L'Océanie : ....

DU CÔTÉ DE LA **GRAMMAIRE**

PRÉPOSITIONS + NOMS DE PAYS

3

Choose the correct country from the list below to complete the following sentences.

le Maroc – l'Italie – les États-Unis – la Pologne – l'Espagne – le Brésil – la France

Exemple : Je m'appelle Helmut, je vis à Berlin, **en Allemagne.**

1. Steve est américain, il est né à New York, ... ; mais il vit .... : il est étudiant à Paris.

2. Paulo est né à Brasilia, ..., mais il étudie à Rio de Janeiro.

3. Anna est polonaise, elle est née à Varsovie, ...

4. Je m'appelle Carmen, je suis née à Madrid, ...

5. Mohamed est marocain, il travaille à Rabat, ...

6. Je suis italien, je vis à Rome, ...

LE PRÉSENT DES VERBES EN *-ER*

4

For each dialogue, choose the appropriate verbs and write them in the correct form. Several answers are possible.

adorer – étudier – parler – désirer – travailler – jouer – habiter – aimer – rêver

À la télévision.

1. – Aude Julliard, votre travail, une passion ?

– Oui, je .... du violon dans un grand orchestre ; je .... la musique classique !

2. – Marielle et Yvan, vous êtes étudiants ?

– Oui, nous .... le journalisme ; nous .... être reporters pour la télévision.

3. – Flore Bessac, vous .... l'architecture ?

– Non, non, je suis architecte !

– Oh pardon ! Et vous .... à Paris ?

– Oui, je .... beaucoup travailler dans la capitale !

4. Aujourd'hui, avec nous à la télévision, une femme exceptionnelle : elle est interprète, elle .... en France et en Afrique, elle .... quinze langues !

5. Les candidats ce soir de notre jeu *Les Mots de la francophonie* : ils sont professeurs de français, ils .... dans six pays différents. Ils .... la langue française et ils .... de venir en France !

AVOIR ET *ÊTRE*

5

Imagine the identity of these tourists and make sentences with elements from the three columns, as shown in the example.

Exemple : Gabriela est mexicaine, elle est étudiante en journalisme.

		25 ans.
		mexicaine.
		étudiante en journalisme.
		une passion : les voyages.
		américains.
Gabriela	est	un numéro de téléphone à Paris.
Young	a	professeurs de français.
Steve et Franck	ont	une passion : les langues.
	sont	30 et 32 ans.
		chinois.
		informaticien.
		à Paris pour cinq jours.
		des amis français.

DU CÔTÉ DE LA COMMUNICATION

DONNER DES INFORMATIONS PERSONNELLES

6

Match the beginning of each sentence with the appropriate ending.

1. Je m'appelle		**a.** 35 ans.
2. Je travaille		**b.** dans un musée.
3. Je suis		**c.** à la retraite.
4. Je suis né		**d.** en architecture.
5. J'ai		**e.** au Maroc.
6. Je suis étudiant		**f.** Sandrine.

PARLER DE SES PASSIONS, DE SES RÊVES

7

Match the beginning of each sentence with the appropriate ending.

1. J'ai une passion :		**a.** faire un voyage en France.
2. Je désire		**b.** la peinture.
3. Je rêve de		**c.** mon anniversaire à Paris.
4. Mon rêve : fêter		**d.** le journalisme.
5. J'adore		**e.** visiter Paris.

8

For each situation, tick the correct sentence, then come up with a similar sentence.

1. Pour exprimer une passion : ☐ **a.** Je travaille dans la musique. ☐ **b.** Je joue de la musique. ☐ **c.** J'adore la musique.

....

2. Pour exprimer un rêve : ☐ **a.** J'ai une passion : le voyage. ☐ **b.** Je rêve de faire un voyage au Japon. ☐ **c.** Je voyage au Japon.

....

COMMUNIQUER PAR ÉCRIT

9

a) Read the message and study the structure of the text.

paragraphe 1 :
informations
sur l'identité

paragraphe 2 :
les études
et les passions

paragraphe 3 :
le motif
du message

> Bonjour,
>
> Je me présente : je m'appelle Gustavo, je suis brésilien. J'ai 24 ans. Je suis né au Brésil, mais j'habite à Bruxelles.
>
> Je suis étudiant à l'Université internationale de Bruxelles ; j'étudie le cinéma. J'ai une passion : j'adore le cinéma français ! J'aime aussi le théâtre, les musées et l'art en général. Quel est mon rêve ? Faire un film en Europe.
>
> Je n'ai pas d'amis à Bruxelles. Je désire rencontrer des étudiants ou des personnes passionnées de cinéma.
>
> À bientôt,
>
> Gustavo

b) Study the punctuation and the capital letters.

, virgule	**;** point-virgule	**?** point d'interrogation	**b** lettre minuscule
. point	**:** deux points	**!** point d'exclamation	**B** lettre majuscule

10

Rewrite the sentences: add the necessary punctuation and capital letters. Use the following punctuation.

.		,		!		?		:

1. j'ai une passion les voyages

....

2. j'habite à paris mais je ne suis pas française je suis marocaine

....

3. j'adore le chocolat

....

4. madame quel est votre nom

....

11

Write an introduction using the elements below. Add punctuation and capital letters and make paragraphs.

bonjour je m'appelle antoine j'ai vingt ans je suis électricien j'habite à marseille ma passion la photographie vous aimez la photographie un message s'il vous plaît à bientôt antoine

Les lecteurs ont la parole

....
....
....
....

EN SITUATION

S'EXPRIMER – ÉCRIT ✐

FORUM INTERNET

12

On the Internet forum of the International University of Brussels, students introduce themselves. On a separate sheet of paper, write down the students' messages using the information below.

Nom	Nationalité	Études	Âge	Passion/Rêves
Félix	suisse	informatique	22	Internet, le cinéma/réaliser un film
Alexandra	grecque	relations internationales	27	la politique/travailler au Parlement européen
Julia	canadienne	littérature européenne	24	la poésie, le théâtre/écrire un best-seller
Simon	malien	architecture	26	la musique, les voyages/faire le tour du monde

YAHOO! MESSENGER Nouveau venu ? Inscrivez-vous

Recherche sur le web [   ] Recherche

Accueil - Aide

Bonjour,

Je m'appelle Félix, j'ai 22 ans. Je suis suisse…

DU CÔTÉ DU **LEXIQUE**

LES LIEUX DE LA VILLE

1

Find nine town places hidden horizontally and vertically in the grid.

A	Z	R	U	M	A	I	R	I	E	K	S
T	O	F	M	U	G	O	N	Q	A	K	U
H	U	H	E	S	B	E	V	U	L	P	P
E	C	O	L	E	E	M	B	O	M	R	E
A	I	P	I	E	R	A	X	T	Y	R	R
T	H	I	X	H	A	R	H	P	O	E	M
R	E	D	A	B	E	C	I	N	E	M	A
E	R	A	F	E	C	H	E	V	J	U	R
N	B	A	N	Q	U	E	G	O	M	T	C
J	D	E	L	P	E	F	C	W	I	R	H
A	I	P	A	T	I	S	S	E	R	I	E
T	Y	I	N	O	G	B	C	F	O	E	V

2

Match actions with places.

1. J'étudie
2. J'achète un gâteau
3. J'assiste à un mariage
4. Je demande de l'argent
5. Je consulte un médecin
6. Je regarde des sculptures
7. Je regarde un film
8. J'achète des fruits et des légumes

a. à l'hôpital.
b. à l'école.
c. au musée.
d. à la pâtisserie.
e. au cinéma.
f. au marché.
g. à l'église.
h. à la banque.

LA LOCALISATION

3

Link the elements below with their places in the drawing using arrows.

– un bateau sous le pont :

– une personne sur le pont :

– un restaurant en face du Café du port :

– un supermarché à côté du Café du port :

– un poisson dans l'eau :

DU CÔTÉ DE LA **GRAMMAIRE**

LES ARTICLES INDÉFINIS ET DÉFINIS

4

a) Identify and name the object or the place in each drawing.

Exemple : ➔ une valise.

1.

2.

3.

4.

1. ....
2. ....

3. ....
4. ....

b) Supply further information about each object or place, as shown in the example.

Exemple : [Mélanie Kormanski] → C'est la valise de Mélanie Kormanski.

1. ....
2. ....
3. ....
4. ....

LES PRÉPOSITIONS DE LOCALISATION

5

a) You are writing text messages to tell people where to meet. Use *dans, sur, sous, derrière* or *devant*.

l'église – le café des Sports – le pont – l'école – le marché

....
....
....
....
....

b) You are writing a text message to say where you are. Use *en face de, à côté de, près de, à gauche de* and *à droite de*.

les halles – le jardin – la place – la pâtisserie – théâtre

....
....
....
....

6

Look at the two drawings and complete the sentences about holiday memories with the correct prepositions.

1. Je suis .... un arbre, ... l'église Saint-Mathurin.

2. Je suis .... Musée de la marine. .... la porte, il y a un groupe de touristes

japonais. Les tableaux sont magnifiques .... ce musée !

PARLER DE SON QUARTIER

7

The journalist is interviewing a passer-by. Put the dialogue in the right order.

Micro-trottoir

.... **a.** LA PASSANTE : Oh ! Parce que c'est un endroit tranquille et parce qu'il y a des sculptures magnifiques.

.... **b.** LE JOURNALISTE : Je vous remercie, madame.

.... **c.** LA PASSANTE : Oui, j'habite juste à côté.

.... **d.** LE JOURNALISTE : Vous avez un endroit préféré dans votre quartier ?

.... **e.** LE JOURNALISTE : Je suis journaliste à *Hebdomag* et j'interviewe les gens du quartier.

.... **f.** LA PASSANTE : Alors... oui ! J'aime beaucoup le musée Hamont en face de la mairie.

.... **g.** LE JOURNALISTE : Pourquoi aimez-vous ce musée ?

.... **h.** LA PASSANTE : Pourquoi est-ce que vous me posez cette question ?

.... **i.** LE JOURNALISTE : Pardon, madame, vous êtes du quartier ?

DONNER UNE EXPLICATION

8

Match the questions with their answers.

1. Pourquoi allez-vous à la pâtisserie ?
2. Pourquoi aimez-vous votre ville ?
3. Pourquoi téléphonez-vous ?
4. Pourquoi êtes-vous à la maison le mercredi ?
5. Pourquoi avez-vous deux passeports ?
6. Pourquoi êtes-vous à l'université ?

a. Parce que je ne travaille pas.
b. Parce que j'adore les gâteaux.
c. Parce que j'étudie l'économie.
d. Parce qu'il y a beaucoup de monuments.
e. Parce que je voudrais des informations.
f. Parce que j'ai la double nationalité.

EN SITUATION

COMPRENDRE – ÉCRIT ◉

TÉMOIGNAGES

9

a) Read these two ads, then a person's reply. Say which ad the person is replying to.

Petites annonces

☐ **1.** France TV recherche des témoignages pour son émission *Ma vie, mon quartier*. Vous aimez votre ville, vous aimez votre quartier ? Vous avez un endroit préféré dans votre ville ? Écrivez-nous.

☐ **2.** L'université René-Descartes recherche pour ses étudiants des chambres chez l'habitant dans votre ville. Vous habitez au centre ville, vous avez une chambre à proposer ? Écrivez-nous. Indiquez votre nom, où vous habitez.

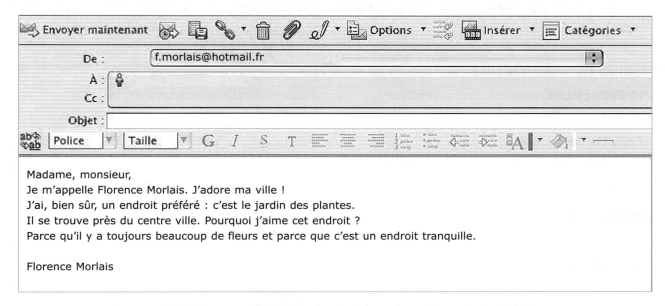

b) Below is a list of phrases describing the information in the message. Put them in the right boxes.

justifier son choix − localiser un lieu − se présenter − exprimer ses goûts - nommer un lieu

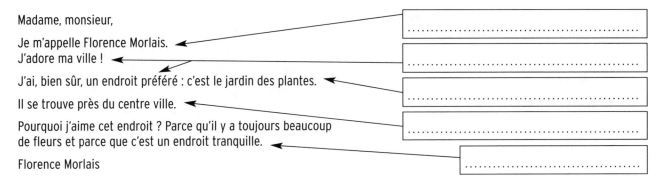

S'EXPRIMER – ÉCRIT

TÉMOIGNAGES (SUITE)

10

You are answering the France TV ad. On a separate sheet of paper, write your own message based on Florence Morlais's message.

L'HÉBERGEMENT

1

Cross the odd one out.

1. hôtel – auberge de jeunesse – gare – palace – camping

2. suite présidentielle – cuisine commune – douches à l'étage – draps inclus – chambre à six lits

L'ITINÉRAIRE

2

Cross the odd one out.

1. descendre – aller – monter – habiter – continuer

2. voyager – traverser – tourner – prendre la rue à droite

3

Find horizontally and vertically in the grid the words corresponding to the definitions below.

1. Il traverse la rivière : _ _ _ _

2. Grande rue : _ _ _ _ _ _ _ _ _

3. En général, elle est ronde ou carrée : _ _ _ _ _

4. Petite avenue : _ _ _

5. Grande rue : _ _ _ _ _ _

P	R	B	A	C	O	V	I
O	P	O	N	T	E	G	O
C	T	U	U	L	Q	A	R
F	P	L	A	C	E	M	D
T	Y	E	H	D	Z	U	R
D	X	V	I	J	A	T	U
I	F	A	V	E	N	U	E
A	E	R	S	L	I	W	M
Z	S	D	G	B	V	A	U

4

Match the phrases with the drawings. Several answers are possible.

1. aller tout droit

2. tourner à droite

3. prendre la rue à gauche

4. descendre l'avenue

5. traverser sur le pont

a.  **b.** **c.** **d.** **e.** ⬆

L'INTERROGATION

5

Turn these sentences into questions.

Exemple : L'auberge est ouverte en octobre.
→ L'auberge est ouverte en octobre ?
→ Est-ce que l'auberge est ouverte en octobre ?

1. Le petit déjeuner est inclus dans le prix.

....

....

2. Il y a des chambres à trois lits.

....

....

3. Vous restez trois nuits.

....

....

4. Les WC sont à l'étage.

....

....

5. Je peux réserver une chambre pour deux personnes.

....

....

6. Vous téléphonez pour une réservation.

....

....

7. Vous avez une adresse mél.

....

....

8. Vous désirez une chambre avec vue sur la mer.

....

....

6

Find the question, then say who is asking it: the customer or the hotel receptionist.

	Client	Réceptionniste
1. – ....? – Non, nous sommes suisses.		
2. – ....? – Oui, j'adore cette ville.		
3. – ....? – Oui, nous réservons maintenant.		
4. – ....? – Non, le centre ville est à cinq minutes à pied.		
5. – ....? – Oui, j'ai mon passeport. Voilà !		
6. – ....? – Oui, nous acceptons les petits animaux.		

LES VERBES *TRAVERSER, PRENDRE, DESCENDRE...* AU PRÉSENT

7

Complete the mini-dialogues with the following verbs in the present: *traverser – prendre – descendre – tourner – continuer.*

1. – Pardon, monsieur, la place Stanislas, s'il vous plaît ?

   – Vous .... tout droit puis vous .... la première à gauche.

   – Merci bien, monsieur.

2. – Allô ! Nous sommes devant le Pont-Neuf ; nous .... le pont ?

   – Oui, et après vous .... tout de suite à gauche.

3. – S'il te plaît, pour aller à la gare ?

   – Tu .... tout droit, puis tu .... la troisième rue à droite après le cinéma.

4. – Comment je vais chez toi ?

   – Tu prends le bus 32 et tu .... à l'arrêt Pont-Neuf.

DU CÔTÉ DE LA **COMMUNICATION**

RÉSERVER UNE CHAMBRE/INDIQUER L'ITINÉRAIRE

8

Sort out these sentences and put them in the right order to reconstruct the two dialogues below.

1. Oui, nous avons une chambre double avec salle de bains.

2. C'est un peu loin. Vous prenez cette rue, vous allez tout droit. Le supermarché se trouve à 500 mètres.

3. C'est entendu, à ce soir, madame.

4. C'est très bien. Je réserve donc une chambre double pour ce soir au nom de M. et Mme Jalliet.

5. Pardon, monsieur, je cherche le supermarché.

6. Et il y a un bus ?

7. Bonjour, monsieur, vous avez une chambre libre pour ce soir ?

8. Non, il n'y a pas de bus dans cette direction.

À la réception de l'hôtel

– ....

– ....

– ....

– ....

Dans la rue

– ....

– ....

– ....

– ....

COMPRENDRE – ÉCRIT 👁

QUI DORT OÙ ?

9

Read, then match the characters with the ads.

> **HÔTEL IBIS**
>
> Biarritz – Anglet
>
> 64, av. d'Espagne
>
> 64600 Anglet
>
> 84 chambres
>
> de 56 à 66 euros la chambre
>
> Petit déjeuner : 6 euros

2.

> **AUBERGE DE JEUNESSE**
>
> 8, rue Chiquito de Cambo
>
> 64200 Biarritz
>
> 96 lits de 16,70 à 17,70 euros la nuit (p. déj. et draps inclus)

1.

> *HÔTEL DU PALAIS*
>
> *1, av. de l'Impératrice*
>
> *64200 Biarritz*
>
> *132 chambres*
>
> *de 420 à 500 euros la chambre*
>
> *Petit déjeuner : 35 euros*

3.

a. Jennifer Nicholson, star d'Hollywood. Hôtel : ....

b. M. et Mme Aubry, touristes du troisième âge. Hôtel : ....

c. Miguel Ibanez et Yu Xiao Ai, étudiants globe-trotters. Hôtel : ....

S'EXPRIMER – ÉCRIT ✎

QUI DORT OÙ ? (SUITE)

10

Choose a character from the previous activity and, on a separate sheet of paper, write to the hotel/hostel to get some more information about the following things:

– le prix des chambres ;

– la salle de bains ;

– le petit déjeuner inclus ou non ;

– la localisation dans la ville ;

– l'itinéraire pour aller de la gare à l'hôtel ;

– la possibilité de venir avec un animal.

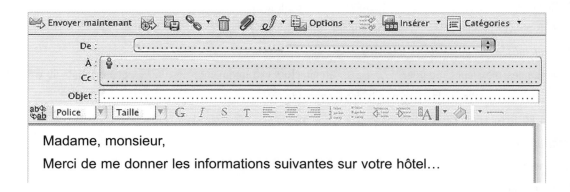

LA CORRESPONDANCE

1

Read the definitions below in order to find the words.

1. En haut, à droite, sur une carte postale, c'est le _ _ _ _ _ _.

2. J'écris la carte postale à cette personne, c'est le _ _ _ _ _ _ _ _ _ _ _.

3. Après le texte de la carte, c'est la _ _ _ _ _ _ _ _ _.

4. J'envoie la carte postale, je suis l'_ _ _ _ _ _ _ _ _ _.

5. Formule possible pour terminer un message : a_ _ _ _ _ _ _ _ _ t

6. L'information écrite à droite sur la carte postale, c'est l'_ _ _ _ _ _ _.

LES ACTIVITÉS DE VACANCES

2

Match the actions with the appropriate endings.

1. Je visite   **a.** du shopping.

2. Je me promène   **b.** à la plage.

3. Je fais   **c.** des musées.

4. Je passe   **d.** dans la ville.

5. Je me baigne   **e.** des vacances inoubliables.

LES ADJECTIFS DÉMONSTRATIFS

3

Complete the sentences with *ce, cet, cette* or *ces.*

1. *À l'hôtel*

  a. Monsieur, ... bagages sont à vous ?

  b. Madame, vous avez .... chambre avec vue sur la mer.

  c. Vous pouvez remplir .... formulaire, s'il vous plaît ?

2. *Dans un musée : un guide et des touristes*

  a. Mesdames, messieurs, regardez .... architecture extraordinaire ! .... château date du XVIᵉ siècle.

  b. .... salle est la célèbre salle des Ambassadeurs.

  c. En 1780, le roi Louis XVI habite dans .... région.

3. *Dans un train : un enfant avec sa mère*

  a. Maman, regarde .... voitures, elles vont vite !

  b. Je veux être assis à .... place !

  c. Pourquoi le train ne s'arrête pas à .... endroit ?

DE/D'/DU/DES + NOM DE PAYS

4

Look at the stamps on Thierry's passport and say which countries he is returning from.

1. ....
2. ....
3. ....
4. ....
5. ....

1.
2.
3.
4.
5.

DU CÔTÉ DE LA **COMMUNICATION**

ÉCRIRE UNE CARTE POSTALE

5

Fill in the blanks on these postcards using the words from the lists below.

1. froid – endroit – hôtel – retour – Chers – Je vous embrasse – vacances – montagne

.... amis,

Je suis en .... dans les Alpes.

Il fait .... (– 5 °C !),

la .... est magnifique !

Je suis dans un petit .... sympa.

J'adore cet .... !

Je vous téléphone à mon ....

....,

        Corinne

M. et Mme Thomas

19, passage Lathuille

75018 PARIS

2. vacances – lundi – beau – chaud – Bises – extraordinaire – Salut

.... les filles !

Je passe des ....

merveilleuses.

La plage est .... !

Je me baigne tous les jours.

Il fait .... et ....

À .... au bureau !

....

        Lisa

Société Larthaud

Service informatique

1, place Bellecourt

69001 LYON

6

Write the postcard using the following elements.

75007 Paris – il fait beau et chaud – on vous téléphone à notre retour – c'est un pays magnifique – 4, rue de l'Université – nous sommes en vacances en Thaïlande – Marion et Philippe – chers amis – nous adorons la cuisine thaï – nous nous baignons chaque matin dans la mer ou dans la piscine de l'hôtel – ce soir comme tous les jours, restau sur la plage – amicalement – M. et Mme Pons

S'EXPRIMER – ÉCRIT ✐

EN VACANCES

7

You are spending your holiday in Europe and you are in Paris. You want to send two postcards to your friends and family. Choose two cards from the selection below and, on a separate sheet of paper, write a few lines and the addressee's address. Give information about the place, the weather, your activities and convey your impressions and feelings. Say where you are going next (after Paris).

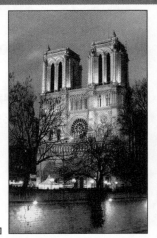

1. ☐

2. ☐

3. ☐

4. ☐

5. ☐

DU CÔTÉ DU LEXIQUE

LES ACTIVITÉS DE TEMPS LIBRE

1

Fill in the missing letters to find the names of the activities.

1. _ I _ E M _
2. _ E _ _ V _ _ I _ N
3. _ E I _ T U _ _
4. _ H _ A _ R _
5. E Q _ _ T _ _ _ O _
6. _ H O _ _
7. V _ I _ E
8. _ E L _

2

Match the verbs with the appropriate endings (several possible answers).

1. aller
2. faire
3. écouter
4. lire
5. regarder

a. du sport
b. une promenade
c. au théâtre
d. au cinéma
e. de la musique
f. la télévision
g. le journal

LES ANIMAUX

3

Find six four-legged animals and two animals without legs.

....

....

LES PROFESSIONS

4

Cross the odd one out.

1. acteur – chanteur – pâtissier – réalisateur
2. opticien – architecte – pharmacien – dentiste
3. coiffeur – boulanger – restaurateur – pâtissier

DU CÔTÉ DE LA GRAMMAIRE

LE MASCULIN ET LE FÉMININ DES PROFESSIONS

5

Read the following signs and complete the titles of these people's occupations.

Myriam LOÏC réalisat....... télé	

Mme TAIEB	M. ARMAL	Sonia MALO	Mme LOPES	Nordine et Zelma BEN JALOUN
pharmac.......	dent.......	coiff.......	boulang.......	photograph.......

ALLER À, FAIRE DU

6

Read these ads. Choose two activities and describe your timetable.

Exemple : Le mardi à 10 heures et le jeudi à 20 heures, je vais à mon cours d'aquarelle.

> *Cours d'aquarelle*
> *Maison de la culture*
>
> *le mardi à 10 h*
> *et le jeudi à 20 h*

WEEK-END MER (BRETAGNE)

COURS DE VOILE, NATATION, PLONGÉE

SAMEDI ET DIMANCHE

JUILLET-AOÛT

1.

MONTAGNE (Pyrénées)

Stage intensif de **ski**

janvier, février, mars

le week-end : samedi et dimanche

2.

Week-end campagne

avec le Véloclub de Tours

le samedi de 14 h à 18 h

3.

....
....
....
....
....
....
....

DU CÔTÉ DE LA **COMMUNICATION**

PARLER DE SOI

7

Tick the two correct sentences.

1. Pour parler de ses activités.

    ▫ **a.** Je me promène à la campagne.

    ▫ **b.** Je visite des endroits intéressants.

    ▫ **c.** Je suis à la montagne.

2. Pour parler de ses goûts.

    ▫ **a.** Je déteste la campagne.

    ▫ **b.** J'imagine la ville.

    ▫ **c.** J'adore la mer.

3. Pour parler de sa profession.

    ▫ **a.** Je suis seul.

    ▫ **b.** Je travaille dans la restauration.

    ▫ **c.** J'ai une profession intellectuelle.

PARLER DE SA PROFESSION

8

a) Find a definition for the following occupations.

Exemple : une secrétaire ➜ Cette personne travaille dans un bureau.

1. une actrice : ....

2. un professeur : ....

3. un footballeur : ....

4. un explorateur : ....

5. un chanteur : ....

6. un boulanger : ....

7. une couturière : ....

b) Say which occupation(s) from the list you like and why.

....

....

....

....

EN SITUATION

COMPRENDRE – ÉCRIT ◉

ADOPTIONS

9

Read the ad opposite.

Recherche maître

Je m'appelle Wanda.
J'ai trois ans, je suis célibataire.
J'aime la compagnie des hommes.
J'adore la vie à la campagne,
mais je n'aime pas la ville !
Je sors beaucoup, je fais du sport :
de la marche, de la course…
Adoptez-moi !

a) In the following list, tick the information mentioned in the ad.

- ▫ **1.** l'âge
- ▫ **2.** les goûts
- ▫ **3.** l'adresse
- ▫ **4.** la profession

- ▫ **5.** le nom
- ▫ **6.** les activités
- ▫ **7.** le prénom
- ▫ **8.** la situation de famille

b) In which order do these items of information appear in the ad?

....

S'EXPRIMER – ÉCRIT ✎

ADOPTIONS (SUITE)

10

On a separate sheet of paper, write a message for each of the following ads, based on the previous activity.

Recherche maître
Adoptez-moi !

Recherche maître
Adoptez-moi !

Recherche maître
Adoptez-moi !

DU CÔTÉ DU LEXIQUE

LA CARACTÉRISATION PSYCHOLOGIQUE

1

Cross the odd one out.

1. créatif – indépendant – calme – sérieux – mince – responsable
2. optimiste – bonne cuisinière – généreuse – prétentieuse – patiente

2

Match the items on the left with those on the right.

1. aventurier
2. casanier
3. artiste
4. romantique
5. autoritaire
6. dynamique
7. cultivé
8. optimiste

a. J'aime peindre, écrire, faire de la musique.
b. J'aime les histoires d'amour.
c. J'ai un comportement de chef.
d. J'aime être chez moi.
e. Je lis beaucoup et je vais dans les musées.
f. Je vois la vie en rose.
g. J'adore le tourisme « sportif ».
h. J'aime l'action.

L'EXPRESSION DES GOÛTS

3

Express opposite tastes using: *adorer – être passionné par – avoir horreur de – aimer – détester*.

Exemple : Eux, ils adorent les animaux, mais elles... ➜ elles ont horreur des animaux.

1. Moi, j'aime la vie à la campagne, mais mon mari ....
2. Mon mari adore son travail, mais moi, je ....
3. Moi, je déteste la lecture, mais mon mari ....
4. Mes enfants ne s'intéressent pas à l'art mais, moi je ....
5. Vous aimez la routine, mais nous, nous ....

DU CÔTÉ DE LA GRAMMAIRE

LES ADJECTIFS DE CARACTÉRISATION

4

a) Turn these sentences about stereotypes into the feminine.

Exemple : Le Japonais est petit, patient et travailleur. ➜ La Japonaise est petite, patiente et travailleuse.

1. L'Allemand est calme, discipliné et intelligent.

....

2. Le Suédois est grand, blond et sportif.

....

3. Le Français est indépendant et cultivé.

....

4. L'Espagnol est passionné et généreux.

....

5. L'Américain est décontracté, expansif et dynamique.

....

6. L'Italien est romantique, aventurier et élégant.

....

b) Turn the sentences in activity a) into the masculine plural and then into the feminine plural.

Exemple : Le Japonais est petit, patient et travailleur.
   → *Les Japonais sont petits, patients et travailleurs.*
   → *Les Japonaises sont petites, patientes et travailleuses.*

1. ....

....

2. ....

....

3. ....

....

4. ....

....

5. ....

....

6. ....

....

LES PRONOMS TONIQUES

5

Complete with the correct disjunctive pronouns.

Rêves de voyage

1. ...., je rêve d'aller au Japon et ...., tu as un rêve de voyage aussi ?

2. ...., il rêve de traverser l'Europe à vélo ; et ...., elle voudrait traverser l'Atlantique en bateau.

3. ...., elles rêvent de venir en France et ...., ils désirent habiter en Italie.

4. Et ...., Tom, quel est votre rêve ?

À l'université

5. ...., je suis libre le mardi après-midi ; et ...., tu as des moments libres ?

6. ...., ils sont français et ...., elles sont belges.

7. ...., il parle anglais et russe et ...., elle parle italien et allemand.

CARACTÉRISER UNE PERSONNE

6

On the website **www.touteslesrencontres.com**, people introduce themselves. Write their personal profiles using the information below.

Tom

Caractère : optimiste, dynamique, généreux, autoritaire, impatient.
Goûts et centres d'intérêt : sport ++, musique techno ++, télévision ++, lecture +, cinéma +, théâtre et opéra – –, campagne –.
Recherche : compagne/amie(s). **Objectif :** sorties.

1.

Mariette et Pierre

Caractère : indépendants, cultivés.
Goûts et centres d'intérêt : cuisine, gastronomie ++, vins ++, moto ++, télévision – –.
Recherche : couples.
Objectif : cuisine, voyages en moto.

2.

1. ....
....
....
....

2. ....
....
....
....

PARLER DE LA PROFESSION

7

At school, the teacher asks the pupils questions. Imagine their answers.

– Paul, quelle est la profession de ton papa ?

– ....

– Et toi, Émilie ?

– ....

– Ta maman travaille aussi ?

– ....

– Et toi, Marion, tu rêves de faire quel métier plus tard ?

– ....

– Pourquoi ?

– ....

PARLER DE SON ANIMAL

8

Put the dialogue in the right order.

.... **a.** L'INSTITUTRICE : Et pourquoi un chien ?

.... **b.** MARION : Moi !

.... **c.** L'INSTITUTRICE : Et toi, Sébastien, tu n'as pas d'animal chez toi ?

.... **d.** SÉBASTIEN : Parce que c'est un animal intelligent et fidèle.

.... **e.** L'INSTITUTRICE : Il s'appelle comment, ton chat ?

.... **f.** SÉBASTIEN : Non, ma maman, elle ne veut pas !

.... **g.** L'INSTITUTRICE : Bien, Marion, et tu as quel animal ?

.... **h.** MARION : J'ai un chat.

.... **i.** L'INSTITUTRICE : Mais toi, tu voudrais avoir un animal ?

.... **j.** MARION : Il s'appelle Vidéo ! Il est beau et il adore les souris !

.... **k.** SÉBASTIEN : Oh oui ! Je rêve d'avoir un chien !

.... **l.** L'INSTITUTRICE : Aujourd'hui, les enfants, nous étudions la vie des animaux. Qui a un animal à la maison ?

EN SITUATION

COMPRENDRE – ÉCRIT 👁

COMME AU CINÉMA

9

a) Read the beginning of the film screenplay, *Un amour de vacances*.

> LUI : il s'appelle John Edwards, il est américain. Il est divorcé, il a 33 ans, et il a beaucoup de charme. Il est ingénieur dans une société d'informatique. Tous les ans, il vient en France pour ses vacances ; il descend dans un palace près de Marseille, au bord de la mer, à l'hôtel des Calanques. Il fait du surf et de la voile toute la journée.
>
> ELLE : elle s'appelle Delphine Costa ; elle est française, elle a 23 ans, elle est célibataire. C'est une belle fille : elle est grande et mince et elle est très sympathique. Elle est réceptionniste à l'hôtel des Calanques. Elle est très sportive, elle adore la nature et elle a horreur d'aller dans les discothèques.
>
> John et Delphine se rencontrent pour la première fois sur une plage en face d'un hôtel.

b) True or false? Tick the correct answers.

1. John Edwards habite en France.	☐ vrai	☐ faux		**5.** Elle est ronde.	☐ vrai	☐ faux
2. Il est sportif.	☐ vrai	☐ faux		**6.** Elle déteste la campagne.	☐ vrai	☐ faux
3. Il déteste la mer.	☐ vrai	☐ faux		**7.** Elle travaille à Marseille.	☐ vrai	☐ faux
4. Delphine Costa vit seule.	☐ vrai	☐ faux		**8.** Delphine rencontre John à l'hôtel.	☐ vrai	☐ faux

S'EXPRIMER – ÉCRIT ✎

COMME AU CINÉMA (SUITE)

10

On a separate sheet of paper, write the beginning of your own film screenplay. Introduce the two main characters: name, nationality, age, family situation, character, physical appearance, occupation, hobbies. Say where they meet for the first time.

LES LIEUX DE SORTIE

1

Say where you go with your friend.

1. Vous adorez parler, raconter votre vie, un verre à la main. Vous allez au ....

2. Vous aimez beaucoup les films d'aventures. Vous allez au ....

3. Vous adorez la danse. Vous allez à la/en ....

4. Vous adorez la cuisine italienne. Vous allez au ....

5. Vous êtes passionné(e) par la peinture. Vous allez au ....

DU CÔTÉ DE LA **GRAMMAIRE**

LES PRONOMS *ON*, *NOUS* ET *VOUS*

2

Complete with *on*, *nous* or *vous*.

1. – Nous, ... adore sortir en boîte ! Et .... ?

   – Nous, ... préfère rester chez .... pour regarder la télé, ou bien .... invite des gens à dîner.

2. – .... ne connaissez pas le Blue Morning ? C'est une boîte géniale où .... peut écouter du jazz

   toute la nuit.

   – Ah ! C'est super ! .... adore le jazz !

   – Alors, ... pouvons aller là-bas tous ensemble samedi soir !

3

Complete the answers using *on*.

1. *Un journaliste et un couple*

   – Pardon, madame, monsieur, vous habitez dans ce quartier ?

   – Oui, ... ici depuis vingt ans.

   – Vous avez un endroit préféré dans ce quartier ?

   – Oui, ... le Café des sports.

   – Pourquoi aimez-vous cet endroit ?

   – Parce qu'...................................... tous nos amis là-bas.

2. *Entre amis*

   – Comment faites-vous pour aller dans le centre ?

   – .... tout droit jusqu'à la poste puis .... à gauche,

   .... le pont et .... le boulevard Gambetta.

VOULOIR, POUVOIR, DEVOIR

4

Fill in the blanks using the appropriate verbs in the correct form.

1. – Qu'est-ce que tu fais ce soir ? Tu .... aller au cinéma ?

   – Ah non ! Ce soir, je ne .... pas, je .... dîner chez mes parents.

   – Alors, demain soir ?

   – D'accord, demain, je .... bien.

2. – J'organise une fête chez moi vendredi prochain. Vous .... venir, Nicolas et toi ?

   – Oui, super ! Nous .... aider pour la préparation si tu ....

   – C'est gentil, merci. Alors, vous .... apporter un gâteau.

3. – Pour la discothèque, demain soir, on se retrouve où et quand ?

   – Vous .... venir chez moi à 9 heures et on part en boîte après ?

   – Moi je .... être chez toi à 9 heures, mais Antoine, lui, il ne .... pas,

   il .... travailler jusqu'à 9 heures.

   – OK ! On .... se retrouver directement à la discothèque à 10 heures, alors ?

   – D'accord, c'est bon !

4. – Les enfants, vous .... aller au cinéma aujourd'hui ?

   – Oui, super ! On .... voir le dernier film de Spielberg ?

   – D'accord, si vous ....

   – Mais Mélanie et Loïs .... venir chez nous cet après-midi. Est-ce qu'ils

   .... aller au cinéma avec nous ?

   – Oui, si leurs parents .... bien.

L'IMPÉRATIF

5

a) Complete the ad below with the following verbs in the imperative.

> NOUVEAU ! Le Bataclan ouvre ses portes !
> .... nombreux samedi !
> .... pour réserver une table ou .... un mél.
> Et surtout, ... circuler l'information !
> Tél. : 04 74 15 15 00 ou www.bataclan.@sortir.com

b) You are writing a message to a friend to tell him/her everything about Saturday at *Le Bataclan*. Complete.

Le Bataclan ouvre ses portes !

.... samedi !

S'il te plaît, ... pour réserver ou ....

....

....

PROPOSER UNE SORTIE, FIXER UN RENDEZ-VOUS

6

For each situation, tick the correct phrases.

1. Vous proposez une sortie.

   ☐ **a.** Le cinéma, ça te dit ?

   ☐ **b.** On reste à la maison ?

   ☐ **c.** Tu veux sortir avec moi ce soir ?

2. Vous acceptez.

   ☐ **a.** D'accord !

   ☐ **b.** Encore !

   ☐ **c.** OK pour mercredi !

3. Vous refusez.

   ☐ **a.** Vendredi, c'est impossible.

   ☐ **b.** Vendredi, c'est bon pour moi.

   ☐ **c.** Vendredi, je ne suis pas libre.

4. Vous fixez un rendez-vous.

   ☐ **a.** On se retrouve à 19 heures devant le ciné ?

   ☐ **b.** Tu es libre demain soir ?

   ☐ **c.** Tu passes me prendre chez moi à 17 heures ?

7

Complete the dialogue.

– Allô ! Émeline ? Ça va ?

– Ah ! Salut, Jonathan ! Oui, ça va bien !

– .... ?

– Ce week-end ? Samedi soir, je vais au théâtre, mais dimanche je suis libre. Pourquoi ?

– .... ?

– À la piscine ? Pourquoi pas ? Oui, c'est une bonne idée !

– .... ?

– L'après-midi, je préfère. À 4 heures, ça va ?

– ....

– Alors, rendez-vous devant la piscine à 4 heures. Salut Jonathan !

– .... !

EN SITUATION

COMPRENDRE – ÉCRIT 👁

JOUR DE FÊTE (1)

8

Read the following e-mails and complete Mathieu's notes: make a final list of the guests coming to the party and write down who brings what.

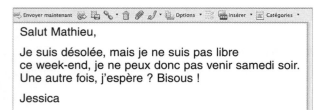

Salut Mathieu,

Je suis désolée, mais je ne suis pas libre
ce week-end, je ne peux donc pas venir samedi soir.
Une autre fois, j'espère ? Bisous !

Jessica

Mathieu, salut !
C'est d'accord pour samedi, je viens avec ma sœur
Karine. J'apporte des CD, de la musique pour
danser, d'accord ? C'est quel bus pour aller chez toi ?
À plus tard.
Benoît

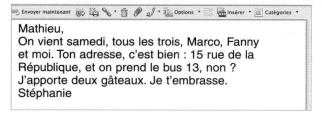

Mathieu,
On vient samedi, tous les trois, Marco, Fanny et moi. Ton adresse, c'est bien : 15 rue de la République, et on prend le bus 13, non ?
J'apporte deux gâteaux. Je t'embrasse.
Stéphanie

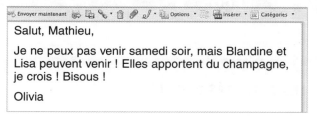

Salut, Mathieu,

Je ne peux pas venir samedi soir, mais Blandine et Lisa peuvent venir ! Elles apportent du champagne, je crois ! Bisous !

Olivia

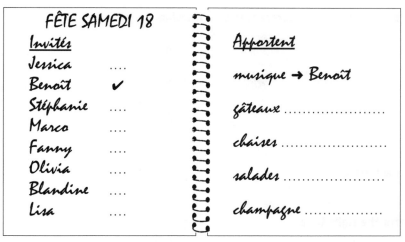

S'EXPRIMER – ÉCRIT

JOUR DE FÊTE (SUITE)

9

Mathieu replies to everybody. On a separate sheet of paper, complete his message: give the address, say how to get there and what time the party starts.

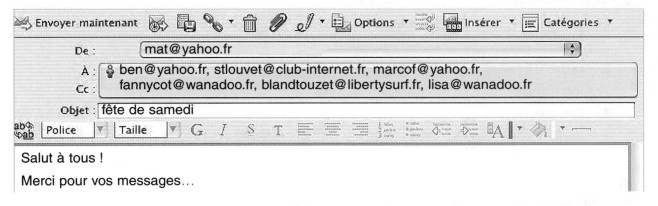

MESSAGES URGENTS

10

Using Marie's notes, write the messages to her friends and parents on a separate sheet of paper.

> **URGENT : messages !**
> • mél Virginie pour dîner samedi ➜ apporter vin
> • mél Florent ciné vendredi – « La Guerre des mondes » (18 ou 20 h) + restau ?
> • message parents ➜ déjeuner samedi OK – 13 h ??

LES ACTIVITÉS QUOTIDIENNES

1

Find a reflexive verb for each action represented by a drawing.

1. ....

2. ....

3. ....

4. ....

5. ....

6. ....

L'HEURE ET LES HORAIRES

2

Match each clock with the right time.

1. Il est six heures moins le quart.

2. Il est six heures et demie.

3. Il est six heures et quart.

4. Il est midi.

5. Il est sept heures moins vingt.

a. b. c.

d. e.

3

Complete the dialogues with *à, vers, de... à, jusqu'à*.

1. – Tu arrives .... quelle heure exactement ?

   – Je ne sais pas, ... 7 heures probablement.

2. – Le soir, tu travailles .... quelle heure ?

   – Tous les soirs, ... 17 h 30, sauf le jeudi, je finis .... 19 h 00.

3. – C'est ouvert le samedi ?

   – Oui, nous sommes ouverts .... 9 heures .... 18 heures.

4

Study Stéphane's timetable and correct the mistakes in sentences 1 to 5.

lundi	mardi	mercredi	jeudi	vendredi
9 h	9 h jogging	9 h	9 h	9 h jogging
↓ cours fac		↓ cours fac	↓ cours fac	
12 h		12 h	12 h	
13 h déjeuner libre	13 h		13 h	13 h
14 h	↓ cours fac	14 h		↓ cours fac
↓ cours fac		↓ cours fac	↓ après-midi libre	
17 h	17 h 15	17 h		17 h 15
			19 h piscine	
20 h piscine	20 h			20 h
	↓ baby-sitting			↓ baby-sitting
	23 h			23 h

1. Stéphane fait du jogging vers 9 heures le lundi et le jeudi matin.

   ....

2. Il va à l'université tous les après-midi sauf le mercredi.

   ....

3. Ses cours à l'université se terminent à 17 heures.

   ....

4. Le lundi et le jeudi, il va à la piscine vers 20 heures.

   ....

5. Le mardi et le vendredi, il fait du baby-sitting jusqu'à 20 heures ou 23 heures.

   ....

DU CÔTÉ DE LA **GRAMMAIRE**

LES VERBES PRONOMINAUX AU PRÉSENT

5

Complete with the verbs into the present tense.

MON QUARTIER S'ÉVEILLE
QUELQUES TÉMOIGNAGES D'HABITANTS DU QUARTIER

■ M. Gilles, *patron du Café des sports*

« Moi je .... (se lever) à 6 heures,

je .... (se doucher),

je .... (se raser), puis je descends

dans la salle et je .... (se faire)

un bon café ! »

■ Mme Fabien, *mère de famille*

« Mon mari et moi, nous ....

(se lever) vers 7 heures du matin, nous ....

.... (se préparer) tranquillement,

puis c'est le tour des enfants : ils ....

.... (se réveiller) vers 8 heures et,

après la douche, ils ....

(s'habiller) et prennent le petit déjeuner. »

■ M. Lecornec, *boulanger*

« Moi je .... (se réveiller) à 4 heures

du matin pour faire les premiers croissants de la

journée. Ma femme, elle, ...

(se réveiller) à 6 heures, elle ....

(se préparer) puis elle descend ouvrir le magasin

à 7 heures. »

6

Put the verbs in brackets into the present tense.

1. Tu .... (se lever) à quelle heure ?

2. Vous .... (s'habiller) toujours de la même façon ?

3. Est-ce que vous .... (se maquiller) tous les jours ?

4. À quelle heure est-ce que vous .... (se coucher) ?

5. Tu .... (s'endormir) toujours à la même heure ?

7

Answer the following questions, as shown in the example.

Exemple : – Tu te réveilles tous les matins à 6 heures ? (7 heures)
→ *– Non, je ne me réveille pas à 6 heures, mais à 7 heures.*

1. – Vous vous levez le matin vers 8 heures ? (7 heures)

– ....

2. – Ils se couchent vers 23 heures ? (22 heures)

– ....

3. – Elle s'endort vers minuit ? (1 heure du matin)

– ....

4. – Tu te douches le soir ? (le matin)

– ....

5. – Ils se brossent les dents le matin et le soir ? (trois fois par jour)

– ....

DU CÔTÉ DE LA **COMMUNICATION**

INDIQUER LES HORAIRES ET L'HEURE

8

Time expressed officially or in conversation? Read the sentences and write your answer in the appropriate box.

		Heure officielle	Conversation courante
1.	Notre train arrive à 7 heures du soir.		
2.	À minuit, je dors.		
3.	Je me réveille tous les jours à 6 heures et quart.		
4.	Le prochain avion part à 21 h 30.		
5.	Je t'attends demain matin devant la gare à 8 heures moins le quart.		
6.	Elle déjeune à midi juste.		
7.	Le soir, je regarde la télé jusqu'à 11 heures.		

9

Rewrite the following sentences, as shown in the example.

Exemple : Mon avion arrive à 18 h. → *J'arrive à 6 heures du soir.*

1. Mon avion arrive à 9 h 45.

....

2. Mon avion arrive à 0 h 15.

....

3. Mon avion arrive à 12 h 30.

....

4. Mon avion arrive à 16 h 35

....

5. Mon avion arrive à 14 h 50.

....

PARLER DE SES HABITUDES

10

Match the questions and the answers.

1. Vous vous réveillez toujours à la même heure ?

2. Vous prenez votre petit déjeuner avant ou après votre toilette ?

3. Vous vous brossez les dents tous les jours ?

4. Quels sont vos horaires de travail ?

5. Vous vous couchez vers quelle heure ?

a. Je travaille de 9 heures à 12 heures et de 14 heures à 17 heures.

b. Je me prépare d'abord et je prends mon petit déjeuner ensuite.

c. Je n'ai pas d'heure, à minuit, à une heure...

d. Oui, toujours vers 8 heures.

e. Oui, bien sûr, matin, midi et soir, c'est important !

EN SITUATION

COMPRENDRE – ÉCRIT ⊚

DES PROFESSIONS DIFFICILES...

11

a) Read the following extract from a magazine and tick the correct answers below.

> ### DUR DUR, LA VIE DE...
>
> *Chaque semaine un personnage à la profession insolite nous explique son quotidien.*
>
>  Jacques, 36 ans, pilote de supersonique
>
> Je me lève tous les matins vers 6 heures, je prends mon petit déjeuner, puis je fais une heure de sport dans une salle. Vers 9 heures, je me prépare pour le vol : je vérifie le matériel électronique de l'avion avec les techniciens.
>
> En général, j'ai un programme d'entraînement intensif : je dois piloter pendant deux heures à 1 200 km/h ! L'après-midi je me repose et, de 16 heures à 19 heures, j'ai des cours de mécanique et d'informatique. Le soir, je me couche tôt parce que je dois être toujours en bonne forme.

1. L'homme qui témoigne : ▢ est une personne célèbre. ▢ travaille pour le magazine. ▢ fait un métier original.

2. Il parle : ▢ des journées difficiles. ▢ d'une journée habituelle. ▢ d'une journée particulière.

b) Read the account again and divide the text into three parts: before, during and after the flight.

S'EXPRIMER – ÉCRIT ⊘

DES PROFESSIONS DIFFICILES... (SUITE)

12

Another person tells her story in the magazine. On a separate sheet of paper, describe her routine.

> ### DUR DUR, LA VIE DE...
>
> Estelle, 22 ans, danseuse au Moulin Rouge
>
> Avant la représentation...
>
> Pendant la représentation...
>
> Après la représentation...

LES ACTIVITÉS DOMESTIQUES

1

Link the verbs with the nouns to form phrases.

1. ranger
2. faire
3. préparer

a. le repas
b. les courses
c. les chambres
d. le petit déjeuner
e. le ménage
f. la vaisselle

LES ACTIVITÉS DE VACANCES

2

Link the words in both columns to form phrases. The verbs may be used several times.

1. rester
2. rencontrer
3. lire
4. visiter
5. aller
6. danser
7. dîner

a. au restaurant
b. dans une discothèque
c. au lit
d. à la plage
e. des gens
f. des monuments
g. un roman
h. la ville

LA FRÉQUENCE

3

Make the necessary changes, as shown in the example.

Exemple : le matin ➜ chaque matin — tous les matins

1. l'après-midi ....
2. chaque soir ....
3. le lundi ....
4. tous les mardis ....
5. le mercredi ....
6. tous les jeudis ....
7. chaque week-end ....

LE PASSÉ COMPOSÉ

4

Classify the past participles of the following verbs into three categories.

laisser – appeler – sortir – faire – aller – lire – dormir – arriver – venir – courir – rester – visiter – partir – rencontrer – prendre

Participes passés en *-é*	Participes passés en *-i*	Participes passés en *-is, -u,* et *-t*
laissé, ...	....	....
....	....	....
....	....	....

5

Complete with *être* or *avoir* in the correct form.

1.

YAHOO! MESSENGER Nouveau venu ? Inscrivez-vous

Recherche sur le web [ ] Recherche

Accueil - Aide

Nouveautés

Fonctions | Environnements | Emoticônes

– Salut ! Ce soir je .... allé en boîte !

– Et tu .... rencontré des gens sympa ?

– Oui, deux garçons super, ils .... arrivés

avant-hier. Je .... dansé avec eux toute la nuit !

Et toi ?

– Bof ! Je .... travaillé jusqu'à 2 heures du matin…

2.

YAHOO! MESSENGER Nouveau venu ? Inscrivez-vous

Recherche sur le web [ ] Recherche

Accueil - Aide

Nouveautés

Fonctions | Environnements | Emoticônes

– Vous .... partis à quelle heure ?

– À 8 heures ; on .... déjeuné à Lyon, et

on .... repartis vers 14 heures.

– Et vous .... fait bon voyage ?

– Oui, très bon. On .... arrivés ici

à 16 heures sans problème.

3.

YAHOO! MESSENGER Nouveau venu ? Inscrivez-vous

Recherche sur le web [ ] Recherche

Accueil - Aide

Nouveautés

Fonctions | Environnements | Emoticônes

– Fred, tu ne .... pas lu mon texto ?

– Non désolé, je .... resté au lit et je ....

dormi jusqu'à midi.

6

a) Put the following story into the past tense.

Tous les matins, je prépare le petit déjeuner, je fais ma toilette et j'emmène les enfants à l'école à 8 h 30 puis je cours prendre le métro. J'arrive à mon travail à 9 heures. L'après-midi, la baby-sitter va chercher les enfants à l'école à 16 h 30 et, moi, je sors du bureau à 17 h 30 ; je fais les courses en vitesse et je rentre à la maison vers 19 heures. Quand la baby-sitter part, moi, je commence ma deuxième journée...

Ce matin, j'ai préparé le petit déjeuner ....

....

....

....

....

b) Continue the story in the past tense. Choose the actions from the list below.

préparer le repas – regarder la télévision – se maquiller – donner à manger aux enfants – ranger la cuisine – lire – faire le ménage – repasser les vêtements – faire la vaisselle

... ma deuxième journée : j'ai donné un bain aux enfants, ...

....

....

....

....

7

Answer the following questions in the negative, as shown in the example.

Exemple : Vous avez dormi jusqu'à 8 heures ? (9 heures)
> ➔ *Non, je n'ai pas dormi jusqu'à 8 heures, j'ai dormi jusqu'à 9 heures.*

Programme d'une journée

1. – Elle est sortie de son appartement à 10 heures ? (11 heures)

– ....

2. – Ils ont pris le bus pour aller au bureau ? (le métro)

– ....

3. – Hier soir, vous avez regardé un film à la télé ? (un match de foot)

– ....

Programme de vacances

1. – Vous êtes allés en Espagne cette année ? (en Italie)

– ....

2. – Tu es partie avec tes parents ? (seule)

– ....

3. – Il a pris le train ? (l'avion)

– ....

DU CÔTÉ DE LA **COMMUNICATION**

EXPRIMER LA FRÉQUENCE

8

Say when and how often you do the following things.

1. Je prends mon petit déjeuner.

....

2. Je travaille.

....

3. Je regarde la télévision.

....

4. Je téléphone à mes amis.

....

PARLER D'UNE JOURNÉE HABITUELLE, ÉVOQUER DES FAITS PASSÉS

9

Tick the sentences corresponding to each situation.

1. Vous parlez d'une journée habituelle.

   ☐ **a.** Le matin, je prends mon petit déjeuner à 8 heures.

   ☐ **b.** Hier matin, j'ai pris mon petit déjeuner à 8 heures.

   ☐ **c.** Chaque matin, je prends mon petit déjeuner à 8 heures.

   ☐ **d.** Ce matin, j'ai pris mon petit déjeuner à 8 heures.

2. Vous racontez un événement passé.

   ☐ **a.** Hier soir, j'ai travaillé jusqu'à minuit.

   ☐ **b.** Le soir, je travaille jusqu'à minuit.

   ☐ **c.** Chaque soir, je travaille jusqu'à minuit.

   ☐ **d.** Ce soir, j'ai travaillé jusqu'à minuit.

10

A journalist interviews a film actress. Put the dialogue in the right order.

...... **a.** CLAUDIA : J'ai eu un week-end un peu spécial : je suis allée au festival de Venise.

...... **b.** LE JOURNALISTE : Et qu'est-ce que vous avez fait précisément le week-end dernier ?

...... **c.** CLAUDIA : Bien sûr !

...... **d.** LE JOURNALISTE : Claudia, je vous remercie.

...... **e.** CLAUDIA : Oui, je vois mes amis, mais ils viennent chez moi en général. Je sors seulement en semaine.

.. 1 .. **f.** LE JOURNALISTE : Claudia, je peux vous poser quelques questions sur votre vie en général ?

...... **g.** CLAUDIA : Le week-end, je me repose, je dors beaucoup ; je lis des scénarios aussi.

...... **h.** LE JOURNALISTE : Quelles sont vos activités pendant le week-end ?

...... **i.** CLAUDIA : Je vous en prie.

...... **j.** LE JOURNALISTE : Vous sortez, vous voyez des amis ?

EN SITUATION

S'EXPRIMER – ÉCRIT ✎

SURPRISE ! SURPRISE !

11

Read the beginning of both stories and, on a separate sheet of paper, imagine what happens next.

> **Le beau dimanche de monsieur Piot**
>
> Monsieur Piot est célibataire, il vit seul depuis dix ans et sa vie est un peu triste et ennuyeuse. Chaque dimanche, il prend son petit déjeuner devant la télé puis il va acheter son journal. Mais hier, dimanche, quand il est sorti de son appartement, …

> **La surprise de Julia**
>
> Julia a cherché sa clé dans son sac, elle a ouvert la porte de la maison, elle est entrée, elle a posé son sac sur une chaise…

LES FÊTES

1

Match the celebrations with their dates.

1. la fête des Mères
2. Halloween
3. le jour de l'an
4. la fête du Travail
5. Noël
6. la fête nationale
7. la Saint-Sylvestre
8. mardi gras
9. la Saint-Valentin

a. le 1er janvier
b. le 14 février
c. le 1er mai
d. le 31 octobre
e. le 14 juillet
f. le dernier dimanche de mai
g. en février ou en mars
h. le 25 décembre
i. le 31 décembre

2

What words do you associate with the idea of celebration? Complete the following lists.

1. Noms de fête : *Saint-Sylvestre* ....
2. Personnes : *amis* ....
3. Actions : *danser* ....
4. Choses : *champagne* ....

DU CÔTÉ DE LA **GRAMMAIRE**

L'INTERROGATION

3

a) Turn the written questions into oral questions.

Exemple : Avez-vous des frères et des sœurs ? ➜ *(Est-ce que) vous avez des frères et des sœurs ?*

SOIRÉE DES CÉLIBATAIRES

QUESTIONNAIRE POUR LES PARTICIPANTS

1. Quel est votre nom ?
2. Quelle est votre profession ?
3. Où habitez-vous ?
4. Comment passez-vous vos week-ends ?
5. Êtes-vous optimiste ?

1. ....
   ....
2. ....
   ....
3. ....
   ....
4. ....
   ....
5. ....
   ....

b) Turn the oral questions into written questions.

1. Vous vous appelez comment ?

   ....

2. Vous faites quoi exactement dans la vie ?

   ....

3. Vous aimez la musique classique ?

   ....

4. Pourquoi est-ce que vous riez ?

   ....

5. Vous êtes libre quand ?

   ....

6. Vous avez un chat ou un chien ?

   ....

LE VERBE *DIRE*

4

Complete with the verb *dire* in the correct form.

1. – Les gens .... qu'il va faire très froid à Pâques !

   – Mais non !

2. – Tu .... bonjour à la dame !

   – Non, je ne veux pas !

3. – Je ne comprends pas Yoko, qu'est-ce qu'elle .... ?

   – Elle te .... « bonne année » en japonais !

4. – Deux jeunes filles attendent dans le couloir. Je .... à ces personnes d'entrer ?

   – Oui, bien sûr !

5. – Allô ! Maman ? Vous êtes encore chez vos amis, toi et papa ?

   – Oui, mais nous .... au revoir et nous partons tout de suite.

6. – Comment tu .... « merci » en russe ?

   – Je ne sais pas.

LE FUTUR PROCHE

5

Turn the sentences into the immediate future.

Exemple : Avant Noël, vous achetez des cadeaux pour tout le monde.
→ Vous allez acheter des cadeaux pour tout le monde.

Avant Noël

1. Vous invitez la famille.

   ....

2. Vous allez au marché.

   ....

3. Vous faites les courses pour le dîner.

   ....

Le 24 décembre

4. Tu décores la maison.

....

5. Tu prépares le repas.

....

6. Tu places les cadeaux devant le sapin de Noël.

....

Le 31 décembre

7. Ils reçoivent leurs amis.

....

8. Ils réveillonnent ensemble.

....

9. Ils boivent du champagne.

....

10. Ils font un bon repas.

....

11. À minuit, tous les gens se souhaitent bonne année.

....

6

It's Valentine's Day. Nadia and Clément are madly in love. Imagine what their evening is going to be like. Choose verbs from the list below.

dîner – sortir – inviter des amis – aller au restaurant – offrir un cadeau – boire du champagne – aller chez les voisins – danser – écouter de la musique – aller sur Internet

Il va passer chez elle, ils ....

....

....

....

....

7

Look at Sylvain's diary and write down what he is going to do tomorrow.

Exemple : Demain je vais me lever à 6 heures du matin.

....

....

....

....

....

....

....

Matin		Après-midi	
6 h	lever	14 h	visite
8 h 15	train	↓	des ateliers
10 h 05	arrivée Lyon	18 h	
11 h	réunion	19 h	départ Lyon
↓ 13 h	déjeuner	20 h 50	arrivée Paris
	collègues	21 h 30	dîner
	de Lyon		+ soirée télé

LES PRONOMS TONIQUES APRÈS PRÉPOSITION

8

Match the elements from both columns to make sentences. Several answers are possible.

1. Je sors
2. Il part en vacances
3. Elle habite
4. Je dîne
5. Nous travaillons

a. pour toi.
b. chez lui.
c. avec eux.
d. chez moi.
e. avec nous.

DU CÔTÉ DE LA COMMUNICATION

DEMANDER DES INFORMATIONS

9

Match the questions which mean the same.

1. Que faites-vous dans la vie ?
2. Quand êtes-vous né ?
3. Où êtes-vous né ?
4. Vous êtes célibataire ou marié ?
5. Pourquoi êtes-vous en France ?

a. Quel est votre lieu de naissance ?
b. Quelle est la raison de votre séjour en France ?
c. Quelle est votre profession ?
d. Quelle est votre date de naissance ?
e. Quelle est votre situation de famille ?

EN SITUATION

COMPRENDRE – ÉCRIT ◉

AMBIANCE DE FÊTE

10

Read the reporter's dispatch and indicate the structure of the text by giving each paragraph its correct title:
ambiance – déroulement de la fête – annonce de la fête.

	DÉPÊCHE PRESSE
....	➤ Ici, à Paris, il est 18 heures et les Parisiens se préparent à fêter une nouvelle fois Noël.
....	➤ Chaque quartier a décoré ses rues, ses monuments, les magasins. Les gens font leurs achats de dernière minute, il y a beaucoup de monde dans les rues !
....	➤ Ce soir, les gens vont dîner chez eux en famille, puis beaucoup vont aller à la messe de minuit. Les enfants attendent avec impatience les cadeaux… Mais, ici, on laisse ses chaussons sous le sapin de Noël le soir du 24 et, le matin du 25, on trouve ses cadeaux à côté. Alors, ils doivent patienter jusqu'à demain ! Bon Noël à tous, aux enfants et aux grands !

S'EXPRIMER – ÉCRIT ✐

AMBIANCE DE FÊTE (SUITE)

11

On a separate sheet of paper, write a similar dispatch about a day of celebration in your country.

LES ÉVÉNEMENTS FAMILIAUX

1

a) Find the names of these events.

1. le premier de la vie :

la n _ _ _ _ _ _ _

2. le dernier de la vie :

le d _ _ _

3. un événement associé à l'amour :

le m _ _ _ _ _ _

b) Find the sentence corresponding to each of the above events.

...... **a.** Nous sommes très tristes : notre grand-mère est morte la nuit dernière.

...... **b.** Magali va épouser Xavier le samedi 18 juin : ils vont se dire « oui » à la mairie de Nice à 16 h 00.

...... **c.** Mon fils est né ce matin ! Je suis papa !

LES PARTIES DU CORPS

2

Find the parts of the body used in the following situations.

1. pour marcher : ....

2. pour manger : ....

3. pour écrire : ....

4. pour danser : ....

5. pour faire des photos : ....

6. pour écouter de la musique : ....

7. pour chanter : ....

8. pour se maquiller : ....

9. pour s'asseoir : ....

10. pour choisir un parfum : ....

3

Which part of the body do people in these occupations treat ?

1. le coiffeur : ....

2. le dentiste : ....

3. l'opticien : ....

4. l'esthéticienne : ....

LES LIENS DE PARENTÉ

4

Study carefully the four family trees and then fill in the blanks.

1. *Jérôme présente sa famille.*

Moi, je m'appelle Jérôme et ma .... Sylvie.

J'ai trois enfants : mon .... s'appelle Thomas

et mes .... s'appellent Cécile et Pauline.

2. *Jean-Claude et Suzanne présentent leur famille.*

Nous sommes mariés depuis vingt-cinq ans, notre ....

s'appelle Jérémie et notre .... Pascale. Nos ....

sont grands maintenant. Pascale et son .... Robert

viennent d'avoir un bébé : notre .... s'appelle Léo.

Jérémie est marié aussi : notre .... s'appelle Nathalie.

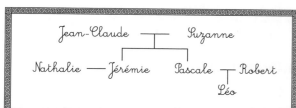

3. *Claire répond à des questions sur sa famille.*

– Tes .... s'appellent comment ?

– Gilles et Pierrette.

– Et tes .... ?

– Édith et Myriam.

– Tes .... sont morts ?

– Mon .... est mort, mais

   ma .... est toujours en vie.

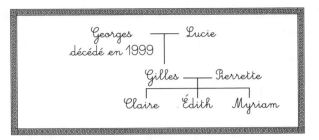

4. *Béatrice répond à des questions sur sa famille.*

– Vos .... s'appellent comment ?

– Michèle et Patrick.

– Et vos .... s'appellent comment ?

– Henri et Anne.

– Daniel, c'est bien votre .... ?

– Oui, c'est le frère de ma mère.

– Nathalie, c'est votre .... ?

– Oui, bien sûr, c'est la femme de mon .... Daniel.

– Et vous avez des .... ?

– Oui, j'ai une ...., Élisa.

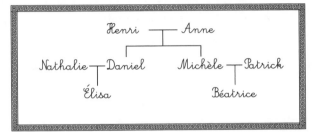

DU CÔTÉ DE LA **GRAMMAIRE**

LES ADJECTIFS POSSESSIFS

5

Fill in the blanks in the following invitations using the appropriate possessive adjectives.

1.

> **Moderne Optique**
>
> Nous avons la joie de vous annoncer l'ouverture de
>
> .... nouveau magasin au 10, rue de la Poste.
>
> C'est l'occasion de laisser .... anciennes lunettes !
>
> ***Venez nombreux,***
> ***samedi 15 mars à partir de 15 heures !***
>
> Des promotions pour tous .... clients !

2.

> M. et Mme Ledoux
>
> *Samedi nous fêtons .... arrivée*
> *dans l'immeuble et souhaitons faire*
> *connaissance avec .... nouveaux*
> *voisins. Vous êtes les bienvenus chez nous*
> *pour un apéritif à partir de 18 heures.*
>
> *Chantal et Nicolas,*
> *.......... nouveaux voisins*
> *du 1ᵉʳ étage à droite.*

3.

> *J'ai douze ans !*
>
> *Tu es invité(e) à .... anniversaire,*
> *dimanche à 15 h 30 !*
> *Viens avec ...... CDs, on va danser !*
> *Laëtitia*
>
> *12, rue du Petit-Pont*
> *92 330 Sceaux*
> *☎ 01 46 61 25 84*

4.

> Jean-Charles Malicant
>
> J'ai l'honneur de vous inviter à l'inauguration de ....
> exposition.
>
> .... œuvres récentes vont être exposées à la *Galerie des deux-mers* du 12 au 30 novembre.
>
> ***Vernissage***
> ***jeudi 12 novembre à partir de 19 heures.***

6

Complete the captions of the photos below with *son, sa, ses, leur, leurs.*

1.  2.  3.  4.

5.  6.

7.  8.

1. Suzon à trois ans avec .... chien en peluche.

2. Charles et Sonia avec .... enfants Éva et Noé.

3. Maxime et Angela avec .... bébé Sylvain.

4. Suzon à quatre ans à la montagne avec .... grands-parents.

5. Noël 2003 : Nicolas et .... première bicyclette.

6. Pâques 2004 : les enfants et .... paniers pleins d'œufs en chocolat.

7. 1940 : l'oncle Gustave et .... épouse.

8. Papi André avec tous .... petits-enfants.

DU CÔTÉ DE LA **COMMUNICATION**

ANNONCER UNE NOUVELLE, RÉAGIR/FÉLICITER

7

For each situation, tick the correct sentence.

1. Vous annoncez un mariage dans un faire-part.

   ☐ **a.** M. et Mme Lemaire ont la grande douleur de vous annoncer le mariage de leur fille.

   ☐ **b.** M. et Mme Lemaire ont la grande tristesse de vous annoncer le mariage de leur fille.

   ☐ **c.** M. et Mme Lemaire ont la grande joie de vous annoncer le mariage de leur fille.

2. Vous annoncez un décès dans un message.

   ☐ **a.** J'ai une bonne nouvelle : ta grand-mère est décédée.

   ☐ **b.** J'ai une mauvaise nouvelle : ta grand-mère est décédée.

   ☐ **c.** J'ai une grande nouvelle : ta grand-mère est décédée.

3. Vous réagissez à l'annonce d'un mariage.

   ☐ **a.** Je vous souhaite beaucoup de bonheur.

   ☐ **b.** Je vous souhaite bonne chance.

   ☐ **c.** Je vous présente mes condoléances.

4. Vous réagissez à l'annonce du mariage de votre amie.

   ☐ **a.** Je suis très heureux/heureuse pour toi.

   ☐ **b.** Quelle terrible nouvelle !

   ☐ **c.** Je suis très triste pour toi.

5. Vos amis annoncent qu'ils vont avoir un enfant. Vous réagissez.

   ☐ **a.** Quelle surprise !

   ☐ **b.** Félicitations !

   ☐ **c.** Je suis désolé(e).

DEMANDER/DONNER DES NOUVELLES

8

Put the dialogue in the right order.

...... **a.** – Mais comment ça s'est passé ?

...... **b.** – Maintenant ça va mieux, je n'ai plus mal.

...... **c.** – J'ai la jambe cassée.

...... **d.** – Bonjour, Mme Dupuis. Oh ! Qu'est-ce qui vous arrive ?

...... **e.** – Et comment vous sentez-vous maintenant ?

...... **f.** – Eh bien, la semaine dernière, je suis tombée dans l'escalier, et voilà le résultat !

EN SITUATION

S'EXPRIMER – ÉCRIT ✐

FAIRE PART

9

a) On a separate sheet of paper, write an invitation or a message for each situation.

1. Zoé annonce son mariage à ses copines dans un message Internet.

2. Anne et Mathieu annoncent à leur amis la naissance de leur septième enfant dans un message Internet.

3. Les parents de Jeanne Ballet et de Simon Vuillard annoncent leur mariage dans un faire-part.

4. Coralie (huit ans) et Virginie (six ans) annoncent la naissance de leur frère Christophe dans le journal.

b) On a separate sheet of paper, write your answer to each of these messages and invitations.

1. Vous êtes une des copines de Zoé.

2. Vous êtes un(e) des ami(e)s de Anne et Mathieu.

3. Vous êtes un(e) ami(e) des parents.

4. Vous êtes une connaissance des parents de Coralie, Virginie et Christophe.

LES ÉVÉNEMENTS FAMILIAUX

1

Complete the sentences with the appropriate event.

1. Bruno et Cécile ont rompu la semaine dernière. Cécile m'a annoncé leur ....

2. Le bébé d'Élise est né la semaine dernière. J'ai reçu le faire-part de .... ce matin.

3. Alice et Abdel se marient le mois prochain ; leur .... a lieu à Villefranche.

4. Devine ce que Renaud m'a annoncé au téléphone ! Il quitte sa femme ! C'est son quatrième .... !

5. Mon oncle est décédé dans un accident hier. J'ai appris son .... ce matin.

2

Rewrite the underlined elements in another way.

1. Nicolas va se marier, pour la deuxième fois.   ....

2. Les parents de Sophie se sont séparés l'an dernier.   ....

3. Mon frère épouse Élodie la semaine prochaine.   ....

4. Le grand-père de Marie est décédé hier.   ....

5. Erwan a vu le jour à la maternité de Brest.   ....

LA FAMILLE RECOMPOSÉE

3

Who is it? Read the following riddles and solve them.

1. C'est le fils de mon père, mais ce n'est pas mon frère.   ....

2. C'est la fille de mon père, mais ce n'est pas ma sœur.   ....

3. C'est le deuxième mari de ma mère, mais ce n'est pas mon père.   ....

LE PASSÉ RÉCENT ET LE FUTUR PROCHE

4

Turn the following sentences into the immediate past.

Exemple : Le voisin a téléphoné pour nous inviter à l'apéritif.
→ *Le voisin vient de téléphoner pour nous inviter à l'apéritif.*

1. Guillaume est parti en vacances ce matin.

....

2. Anaïs et Clément se sont mariés la semaine dernière.

....

3. Bastien a trouvé un travail hier.

....

4. Nous avons choisi un prénom pour notre bébé : Miléna !

....

5. Il est 17 h 05, la banque a fermé.

....

6. 23 décembre, ouf ! On a terminé les achats de Noël !

....

5

Relate the latest news about the people below. Use the immediate past or the immediate future.

Exemple : Les événements récents : mariage... ➜ *Il vient de se marier.*

1. Tout va bien pour M. Duchemin !
Événements récents : mariage, promotion au travail (directeur), gagnant au Loto (premier lot), nouvelle d'un futur bébé.
Projets pour lui et sa femme : achat d'un appartement plus grand, changement de voiture, voyage à l'étranger.

....

....

....

....

2. Période difficile pour M. Futile !
Événements récents : troisième divorce, vente de la grande maison, déménagement dans un appartement plus petit.
Projets : recherche d'une nouvelle femme, voyage autour du monde, achat d'une nouvelle maison.

....

....

....

....

3. Bonne semaine pour Mlle Dufresne !
Événements récents : invitation d'un ami au bord de la mer, rencontre de nouveaux amis, bons résultats aux examens.
Projets pour le week-end : fête avec les étudiants, week-end à la mer avec les nouveaux amis.

....

....

....

....

DU CÔTÉ DE LA **COMMUNICATION**

APPELER/RÉPONDRE AU TÉLÉPHONE

6

Who is speaking? Classify the sentences in the table below.

1. Allô ! Est-ce que je peux parler à Cécile, s'il vous plaît ?

2. Ne quittez pas, je vous passe Marc Lebrun.

3. C'est de la part de qui ?

4. Vous voulez laisser un message ?

5. Je voudrais parler à Mlle Chambot, s'il vous plaît.

6. Est-ce que je peux laisser un message ?

7. Je suis désolée, elle n'est pas là.

8. Allô ! Alice ? C'est Violaine !

9. Quel numéro demandez-vous ?

10. Oui, c'est moi. Qui est à l'appareil ?

11. Allô ! Je suis bien au 01 39 43 82 27 ?

12. Ah non ! Ici, c'est le 01 39 43 82 17.

Person who is calling	Person who is answering
....	....

7

Complete these telephone conversations.

1. – Allô ! .... ?

   – Ah non ! C'est Mathieu. Alex vient de sortir. .... ?

   – C'est Nadia. Est-ce qu'Alex va bientôt rentrer ?

   – À la fin de l'après-midi, je pense. .... ?

   – Oui. Dis que j'ai appelé et que je vais rappeler ce soir.

2. – Cabinet médical, bonjour !

   – Bonjour, ...

   – Ah ! Je suis désolée, le docteur Lamartin n'est pas là aujourd'hui. Vous voulez parler à un autre médecin ?

   – Oui, je peux parler aussi au Dr Aubry s'il est là.

   – Oui, il est là. .... ?

   – Mme Ledoux.

   – ...., Mme Ledoux, je vous le passe.

3. – Allô ! Elsa ?

   – Pardon ? .... ?

   – Je ne suis pas au 01 45 67 08 10 ?

   – Ah non, ... ! Ici c'est le 01 45 67 09 10.

   – Ah ! Je suis désolé. Au revoir !

4. – Allô ! Bonjour, est-ce que je peux parler à Lucille ?

   – ....

   – D'accord, j'attends.

   – Elle est sous la douche, ... ?

   – D'accord, dans dix minutes.

EXPRIMER UN POURCENTAGE

8

Find another way of describing these facts.

Dans cette classe :

1. 50 % des élèves sont des garçons.

   ....

2. Un élève sur dix est enfant unique.

   ....

3. 25 % des élèves ont deux frères et sœurs.

   ....

4. Un tiers des élèves ont des parents divorcés.

   ....

5. Un élève sur cinq vit dans une famille recomposée.

   ....

COMPRENDRE – ÉCRIT 👁

EN FAMILLE

9

True or false? Here are the results of a survey about brothers and sisters. Study the tables to find the answers.

Selon vous, dans une même famille, quel est le nombre idéal de frères et sœurs ? (en %)	
1 frère ou 1 sœur	2
2 frères et sœurs	37
3 frères et sœurs	40
4 frères et sœurs	14
5 frères et sœurs	5
Sans opinion	4
Nombre moyen idéal de frères et sœurs	**3**

Trouvez-vous que l'entente avec vos frères et sœurs est... ? (en %) (Base : personnes déclarant avoir au moins un frère ou une sœur.)	
Très bonne	47
Plutôt bonne	44
TOTAL BONNE	**91**
Plutôt mauvaise	5
Très mauvaise	3
TOTAL MAUVAISE	**8**
Sans opinon	1

Combien avez-vous de frères et sœurs ? (en %)	
Pas de frère ni de sœur	11
1 frère ou 1 sœur	29
2 frères et sœurs	21
3 frères et sœurs	16
4 frères et sœurs	23
Nombre moyen de frères et sœurs	**3**

Ce que vous préférez faire avec vos frères ou sœurs, c'est... ? (en %)	
Les voir dans des réunions familiales	54
Parler en tête à tête	22
Partir en vacances	12
Sortir au cinéma, au théâtre	5
Faire des courses	3
Sans opinion	4

Sondage Ifop – L'Express, « La fratrie aujourd'hui », juin 2000.

1. En moyenne, il y a un enfant par famille en France. ❑ vrai ❑ faux
2. Environ un tiers des personnes interrogées pensent que le nombre idéal de frères et sœurs est deux. ❑ vrai ❑ faux
3. Une personne sur dix n'a pas de frère ni de sœur. ❑ vrai ❑ faux
4. La moitié de la population a un ou deux frères ou sœurs. ❑ vrai ❑ faux
5. Neuf personnes sur dix s'entendent bien avec leurs frères et sœurs. ❑ vrai ❑ faux
6. Un tiers des personnes aiment beaucoup voir leurs frères et sœurs en famille. ❑ vrai ❑ faux

S'EXPRIMER – ÉCRIT ✎

EN FAMILLE (SUITE)

10

The magazine has decided to illustrate this survey with real-life stories about brothers and sisters and you are going to take part. On a separate sheet of paper, say how many brothers and sisters you have, what your ideal number of siblings is. Say what kind of relationship you have with your brothers and sisters (stepbrothers/stepsisters) and what you like doing with them most. If you have no brothers or sisters, talk about your life as an only child. Say what you feel about being an only child and explain the advantages and drawbacks.

LA DESCRIPTION PHYSIQUE

1

Match the nouns with the adjectives. Several answers are possible.

.... **1.** les yeux	**a.** gros	**e.** grand	**i.** brun	**m.** vert	**q.** bleu
.... **2.** les cheveux	**b.** maigre	**f.** court	**j.** blanc	**n.** roux	**r.** grand
.... **3.** la taille	**c.** moyen	**g.** frisé	**k.** petit	**o.** gris	**s.** mince
.... **4.** la silhouette	**d.** noir	**h.** châtain	**l.** bouclé	**p.** gros	**t.** marron

LA BIOGRAPHIE

2

Complete the lists.

Verbes	Noms
naître	la ....
....	le retour
rencontrer	la ....
....	le départ
s'inscrire	l' ....

LE PASSE COMPOSÉ AVEC *ÊTRE* OU *AVOIR*

3

Complete the following sentences with *être* or *avoir*.

1. Le célèbre pianiste Arturo Flemming .... mort.

2. La princesse Sonia .... quitté son mari.

3. John et Barbara se .... séparés.

4. L'actrice Birgit Fardot .... devenue un modèle pour toutes les jeunes filles.

5. Deux acteurs chinois .... gagné l'oscar.

6. Le petit Ignacio, fils du footballeur Mariano, ... né ce matin.

7. Le ténor Luciano Manzano .... venu chanter deux jours à l'opéra de Paris.

8. Jack Johannes .... arrivé à Cannes pour présenter son dernier film.

LE PASSÉ COMPOSÉ DES VERBES PRONOMINAUX

4

Fill in the blanks with the verbs in brackets in the *passé composé*.

1. *Éva témoigne.*

   Mes parents sont bizarres... Ils (se rencontrer) .... en 1980.

   Ils (se marier) .... en 1985. Dix ans plus tard, ils (se séparer)

   .... Mais, l'an dernier, ils (se remarier) .... !

2. *Yvan témoigne.*

   Gaëlle et moi, on (se connaître) .... le 31 décembre, à un réveillon de la Saint-

   Sylvestre. On (s'aimer) .... au premier regard ! On (ne plus se quitter)

   .... : on (se marier) .... le mois dernier.

3. *Lucille témoigne.*

   Ma meilleure amie d'enfance et moi, nous (se retrouver) .... la semaine dernière !

   Nous (ne pas se voir) .... pendant quinze ans, mais quand nous (se regarder)

   ...., nous (se reconnaître) .... immédiatement !

5

Rewrite the following sentences, as shown in the example.

Exemple : Isabelle de Bourgogne et Jean de Bourges : pas de mariage la semaine dernière comme prévu. (se marier)
   → *Isabelle de Bourgogne et Jean de Bourges ne se sont pas mariés la semaine dernière comme prévu.*

1. Pas de rupture entre Lola Alfonsi et Stefano Borgo. (rompre)

   ....

2. Pas de divorce pour Éva et Christian de France. (divorcer)

   ....

3. Pas de vacances ensemble pour Jennifer et Ben Jonhson. (passer)

   ....

4. Pas de séparation entre Arthur et Carine Brunelle pendant le tournage. (se séparer)

   ....

5. Diane d'Anvers et Étienne de Gilles : pas de fiançailles comme prévu. (se fiancer)

   ....

C'EST/IL EST

6

Complete with *c'*, *il* or *elle*.

1. ...... est un garçon très sympathique, ... est grand et sportif : .... est mon joueur de tennis préféré !

2. ...... est petit et timide, mais .... est très intelligent, et .... est un grand scientifique.

3. ...... est une femme indépendante. ...... est blonde, mince et assez grande et .... est une collègue très appréciée !

4. ...... est un jeune prince et .... est célibataire.

5. ...... est acteur, ... est beau et .... est un homme très généreux.

6. ...... est brune et mince et .... est la sœur de ma meilleure amie.

PRÉSENTER, DÉCRIRE

7

Describe these characters with words from the list below. Pay attention to gender and number agreement.

il – cheveux – gros – grand – sportif – est – l'air intelligent – elle – blond – les yeux – frisé – une allure – noir – court – blanc

1.   2.   3.   4.

1. ....
2. ....
3. ....
4. ....

DÉCRIRE PHYSIQUEMENT UNE PERSONNE

8

Complete the three conversations.

1. – William, toutes nos félicitations pour la naissance de votre fille ! Vous pouvez nous dire comment elle est physiquement ?

   – Eh bien, elle ....

   .... comme sa mère et ....

   .... comme son père !

   – Et quelques précisions encore sur sa naissance…

   – Elle .... à 17 heures et sa maman ....

2. – David Moreno, un petit mot sur votre prochain film : vous avez déjà choisi l'acteur principal ? Vous pouvez nous le décrire physiquement ?

   – Oui, c'est un inconnu, il ....

   – Et l'actrice ?

   – C'est ....

   ....

3. – Lisa Miranda, dans votre dernier film, vous avez changé complètement de physique, n'est-ce pas ?

   – Oui, je suis très différente dans ce film : ....

   ....

   ....

COMPRENDRE – ÉCRIT

CÉLÉBRITÉS

9

Read the biographical notes and find the names of two of the celebrities below.

Jacques Chirac   Catherine Deneuve   Laetitia Casta   Johnny Depp   Demi Moore   Sharon Stone   Zinedine Zidane   David Beckham

1.

Nom : ....

Date et lieu de naissance : 23 juin 1972 à Marseille (France).

Profession : footballeur.

16 ans	Début de sa carrière professionnelle.
1991	Entrée dans le club des Girondins de Bordeaux.
1996	Changement de club : joue pour la Juventus de Turin.
1998	Victoire de l'équipe de France au Mondial de football.
2002	Naissance de son troisième enfant et départ pour la coupe du monde en Corée. Après la défaite de la France, décision de quitter l'équipe de France.
2005	Retour dans l'Équipe de France.

2.

Nom : ....

Date et lieu de naissance : le 11 mai 1978 à Pont-Audemer (France).

Père d'origine corse.

Signes particuliers : grande, brune, yeux verts, silhouette de rêve.

Profession : mannequin et comédienne.

1993	Début de sa carrière de mannequin.
	Nombreux défilés de mode : Yves Saint-Laurent, Jean-Paul Gaultier, etc.
1998	Débuts au cinéma dans *Astérix et Obélix contre César* avec Gérard Depardieu.
1999	Premier rôle dans le téléfilm *La Bicyclette bleue*.
18 octobre 2001	Naissance de sa fille Sahteene.
2001-2005	Joue dans plusieurs films : *Gitano, Les Âmes fortes, Rue des Plaisirs, La Fille aux yeux d'or*.
2004	Débuts au théâtre dans *Ondine*, de Jean Giraudoux.

S'EXPRIMER – ÉCRIT

CÉLÉBRITÉS (SUITE)

10

On a separate sheet of paper, use these notes to write the biographies of these two celebrities.

1. ... est né le ... à ...

2. ... est née le ... à ...

DU CÔTÉ DU **LEXIQUE**

LES SENSATIONS, LES PERCEPTIONS

1

Match the elements from the three columns. Several answers are possible.

Les cinq sens	Les parties du corps	Les actions
la vue	la bouche, la langue	regarder
l'odorat	la main, les doigts	entendre
le goût	les oreilles	sentir
l'ouïe	les yeux	écouter
le toucher	le nez	voir

2

Fill in the blanks using the verbs below.

vois – sens – regarde – entends – regardes

1. Écoute ! Tu ....*entends*.... le vent dans les arbres ? Les dernières feuilles vont tomber aujourd'hui !
   wind in the trees — The last leaves will fall today

2. Hum, je ....*sens*.... les odeurs de la forêt, c'est agréable !
   I sense the odors of the forest, it is pleasant.

3. – Tu es encore devant la fenêtre ! Qu'est-ce que tu ....*vois*.... ?
   you are still (at) the window
   – Les écureuils dans le jardin. Toi aussi, ...*regardes*.... ! Ils sont magnifiques.
   The squirrels in the garden — You see

4. Tu ....*vois*.... ces gros nuages ? Je crois qu'il va pleuvoir aujourd'hui.
   these big clouds — I believe it will rain today

5. J'aime les soirs chauds d'été, quand je ....*sens*.... le vent de la mer dans mes cheveux et sur ma peau.
   I like the hot nights of summer when I feel the wind of the sea in my hair and on my skin.

LES SAISONS

l'automne, l'hiver, le printemps, l'été

3

Link the following words to a season.

1. la mort — *l'hiver*   *(the death)*
2. la vie — *l'automne*   *(the life)*
3. la vieillesse — *l'hiver*   *(old age)*
4. l'eau — *le printemps*   *(water)*
5. la longue nuit — *l'été*   *(long nights)*
6. la lumière — *l'été*   *(light)*
7. les fleurs — *le printemps*   *(flowers)*

8. la tristesse — *l'hiver*   *(sadness)*
9. la naissance — *le printemps*   *(birth)*
10. la joie — *l'été*   *(joy)*
11. le froid — *l'hiver*   *(cold)*
12. l'amour — *l'été*   *(love)*
13. la nostalgie — *l'automne*   *(sentiment)*
14. la jeunesse — *le printemps*   *(youth)*

LE CLIMAT, LE TEMPS

4

Link each sentence to a meteorological phenomenon.

Exemple : Toute cette eau qui tombe ! ➔ *la pluie.*

1. Le thermomètre marque 0 degré. — *le gel*
2. Je ne vois pas à plus de 30 mètres. — *le brouillard*
3. Il pleut fort, le ciel est noir. — *l'orage*

4. Il fait très chaud. — *la canicule*
5. Les feuilles volent. — *le vent*   *(the leaves fly)*
6. Tout est blanc. — *la neige*

DU CÔTÉ DE LA **GRAMMAIRE**

LES VERBES DE LA MÉTÉO

5

Find another way of saying the same thing, as shown in the example.

Exemple : La température est de 21 degrés. ➜ Il fait 21 degrés.

1. Il y a du soleil. ....*Il fait beau*....

2. Il y a de la neige. ....*Il fait froid*....

3. Il y a du gel. ....*Il gèle / La température est de 0 degrés*....

4. Il y a de la pluie. ....*Il pleut. Il fait mauvais. Le ciel est gris*....

ÊTRE ET *FAIRE* DANS LES EXPRESSIONS MÉTÉOROLOGIQUES

6

Complete with *être* or *faire* in the correct tense.

1. Nice le 2 mai : Aujourd'hui la Côte d'Azur .... sous le soleil ; le ciel .... d'un bleu merveilleux, et il .... 26 degrés.

2. Rennes le 22 août : Il ne .... pas très beau aujourd'hui ; le ciel .... couvert et les nuages .... nombreux.

3. Paris le 16 juillet : Hier, il .... beau et très chaud mais aujourd'hui les orages .... là. Les nuages .... noirs et la pluie ne .... pas loin.

4. Lyon le 27 février : Hier, il .... froid pour la saison mais aujourd'hui le temps .... doux, le ciel .... dégagé et il .... 11 degrés.

5. Marseille le 3 août : Les températures .... exceptionnellement chaudes : il .... 41 degrés, ce .... la canicule !

SITUER UN ÉVÉNEMENT DANS L'ANNÉE : PRÉPOSITION + NOM DE SAISON, MOIS, *LE* + DATE

7

Say when they were born.

Exemple : Patricia 25/06/05 ➜ Patricia est née en été, fin juin, le 25 juin exactement.

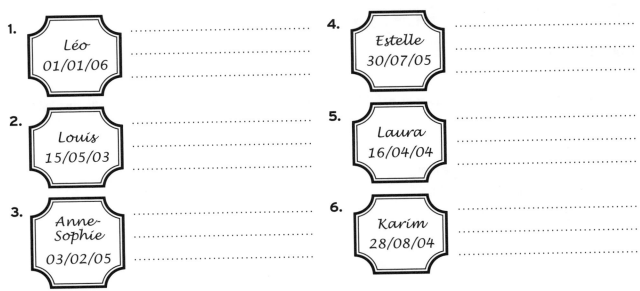

1. Léo 01/01/06 ....

2. Louis 15/05/03 ....

3. Anne-Sophie 03/02/05 ....

4. Estelle 30/07/05 ....

5. Laura 16/04/04 ....

6. Karim 28/08/04 ....

EXPRIMER DES SENTIMENTS

8

Match the sentences with the drawings.

..*b*... **1.** Quel malheur !

..*a*... **2.** J'ai le cœur joyeux !

..*a*... **3.** Je souris à la vie ! Je pleure de joie !

..*b*... **4.** Comme je suis malheureux !

..*a*... **5.** Quelle joie !

..*b*... **6.** Je suis triste !

 a.  b.

PARLER DU TEMPS, DE LA MÉTÉO

9

Using the following elements, write sentences about the weather.

des nuages – du soleil – doux – fait – couvert – il y a – est – le vent – chaud – mauvais – il – le ciel – froid - le temps

....

....

....

....

....

....

....

....

....

EN SITUATION

COMPRENDRE – ÉCRIT ◉

QUATRE SAISONS

10

Read the beginning of the short story on page 69. Put the text in the right order, using the following guidelines.

..b.. **1.** titre

...... **2.** où ?

...... **3.** l'annonce d'un changement

...... **4.** les sensations nouvelles

...... **5.** les sentiments

a. Je sens dans l'air un parfum de liberté : tout est léger et en mouvement. La nature s'est réveillée : j'entends le chant des oiseaux, je vois les arbres déjà verts. Aujourd'hui, j'ouvre les yeux : il y a des couleurs partout et les filles sont belles !

b. Le printemps est arrivé !

c. Le printemps est dans mon cœur, je suis heureux et je souris à la vie.

d. Mais aujourd'hui quelque chose est différent.

e. Je traverse le parc pour aller à mon travail, comme tous les jours.

S'EXPRIMER – ÉCRIT ✎

QUATRE SAISONS (SUITE)

11

On a separate sheet of paper, write a text to announce the arrival of winter, autumn or summer. Use the same structure that is used in the previous text.

DU CÔTÉ DU **LEXIQUE**

LA LOCALISATION

1

Write down all the possible directions.

1. *au nord-est*
2. *à l'Est*
3. *Sud-Est*
4. *au Sud*

5. *Sud-Ouest*
6. *à l'Ouest*
7. *Nord-Ouest*
8. *au Nord*

2

Some tourists are giving their geographic position. Complete their messages with the following elements.

près de – sur – au sud-ouest de – entre – à 300 kilomètres de – dans – au centre de – dans le nord de – dans

1. Je suis *dans le nord de* la France.
2. Je suis *au centre de* la France.
3. Je suis *entre* Lyon et Marseille.
4. Je suis *dans* une île,
   sur la Méditerranée,
   à 300 km de Marseille.
5. Je suis *près de* l'Espagne.
6. Je suis *dans* l'océan Atlantique,
   au sud-ouest de Bordeaux.

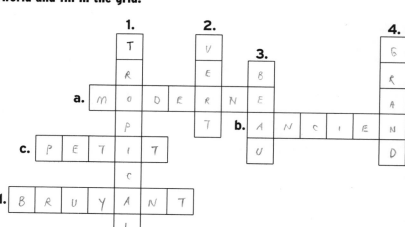

LA CARACTÉRISATION

3

Find adjectives to describe a region of the world and fill in the grid.

Verticalement

1. type de climat
2. avec beaucoup de végétation
3. très joli
4. pas petit

Horizontalement

a. actuel, pas ancien
b. le contraire de nouveau
c. le contraire de grand
d. pas calme

Crossword grid:

1. (vertical) T R O P I C A L
2. (vertical) V E R T
3. (vertical) B E U
4. (vertical) G R A N D
a. M O D E R N E
b. A N C I E N
c. P E T I T
d. B R U Y A N T

LES ACTIVITÉS DE PLEIN AIR *pg 105 4.*

4
Fill in the gaps in order to find the activities.

1. la p _l_ _o_ _n_ g _e_ _e_   *diving*
2. le s _u_ r f   *surfing*
3. la v _o_ _i_ _l_ e   *sailing*
4. la r _a_ _n_ _d_ _o_ _n_ _n_ ée   *hiking*

5. l'é _q_ _u_ it _a_ _t_ _i_ _o_ n   *horse riding*
6. le s _k_ _i_   n _a_ u t _i_ _q_ _u_ e   *water skiing*
7. le k _a_ y _a_ c   *kayaking*
8. la n _a_ _t_ _a_ _t_ _i_ _o_ n   *swimming*

DU CÔTÉ DE LA GRAMMAIRE

LE PRONOM Y

5
Tick the correct answers.

Tour de France

1. On y produit du champagne.   *We there / it produces champagne*
   - ☐ **a.** Paris
   - ☑ **b.** Reims
   - ☐ **c.** Nice

2. On y rencontre des célébrités l'été.   *We there meet summer celebrities*
   - ☐ **a.** Rouen
   - ☑ **b.** Saint-Tropez
   - ☐ **c.** Rennes

3. On peut y voir *La Joconde*.   *We can there see mona lisa*
   - ☑ **a.** Paris
   - ☐ **b.** Lille
   - ☐ **c.** Bordeaux

4. On y boit du bon vin.   *lit: we there drink good wine*
   - ☐ **a.** Rouen
   - ☐ **b.** Nice
   - ☑ **c.** Bordeaux

5. On peut y faire du surf.   *We can there do some surfing*
   - ☐ **a.** Grenoble
   - ☑ **b.** Biarritz
   - ☐ **c.** Toulouse

6. On y fait du ski.   *We there do some skiing*
   - ☑ **a.** Chamonix
   - ☐ **b.** Nice
   - ☐ **c.** Reims

(Map of France with labels: CHAMPAGNE, LILLE, ROUEN, REIMS, PARIS, RENNES, CHAMONIX, GRENOBLE, BORDEAUX, TOULOUSE, NICE, BIARRITZ, SAINT-TROPEZ, SKIING, WINE, CELEBRITIES, SURF)

6
on y — We there
on y va — we go there

at the { à la – F / au – M / aux – pl }

Rewrite these sentences as shown in the example. Say what these places are.

Exemple : On vend des gâteaux dans cette boutique. → *On y vend des gâteaux. La pâtisserie.*

1. On va dans cet endroit pour voir un film.   *On y va pour voir un film. → Au cinéma*
   We go in this place to watch a film.

2. On admire des œuvres d'art dans ce lieu.   *On y admire des œuvres d'art.*   *→ Au musée*
   We admire some works of art in this place.

3. On va là-bas pour prendre le train.   *On y prend le train.*   *→ A la gare*
   We go over there to take the train.

4. On entre dans cette boutique pour acheter des médicaments.

On y entre pour acheter des médicaments. → A la pharmacie.

5. On va dans ce lieu pour apprendre. *We go in this place to learn.*

On y va pour apprendre. → A l'école

6. On va là-bas pour voir un match de football.

On y va pour voir un match de football. → Au stade

7. On séjourne dans cet endroit quand on est très malade.

On y séjourne quand on est très malade → A l'hôpital

8. On va là-bas pour faire du ski.

On y va pour faire du ski. → A la montagne

LA PLACE DES ADJECTIFS

7

Complete the postcard to give details about the underlined words. Use the following adjectives before or after the words. Several answers are possible.

grand – petit – beau – magnifique – premier   *after*

Cher...

J'habite dans cette ...*grand*... maison
magnifique..., ma chambre est ..*petit*........
à l'étage ..*premier*...... De ma fenêtre,
j'ai une ...*grande*.... vue *magnifique*.. sur *on*
une ...*petite*.... plage *belle*...............
Je passe des ...*grandes*..... vacances
......*belles*........ !

Bisous.

PS : J'ai pris des ...*grandes*.... photos
magnifique...... !

DU CÔTÉ DE LA COMMUNICATION

SITUER ET CARACTÉRISER UN LIEU

8

Make sentences using the elements below.

ce/cette – est – île – se trouve – dans – situé(e) – ville – près de – l'océan Atlantique – au centre de – l'Europe – pays – la France – à l'ouest de – à des centaines de kilomètres de

....

....

....

....

9

Tick the appropriate sentences for each situation.

1. Vous situez géographiquement un lieu. Vous dites :

   ☐ **a.** Ce pays est situé entre la France et les Pays-Bas.

   ☐ **b.** Cet endroit se trouve dans l'océan Pacifique.

   ☐ **c.** L'île fait 500 kilomètres de large.

   ☐ **d.** L'hôtel est à 500 mètres de la plage.

   ☐ **e.** Cette région est au centre de l'Europe.

   ☐ **f.** Il y a 500 habitants dans ce village.

2. Vous caractérisez un lieu. Vous dites :

   ☐ **a.** C'est le paradis des touristes.

   ☐ **b.** On y revient en famille avec plaisir chaque année.

   ☐ **c.** Cette région offre beaucoup de possibilités d'hébergement.

   ☐ **d.** J'adore cet endroit.

   ☐ **e.** On appelle cet endroit l'« île enchantée ».

   ☐ **f.** C'est une région très montagneuse.

EN SITUATION

COMPRENDRE – ÉCRIT 👁

CORRESPONDANCE

10

Read Julien's letter to Adrien. Determine the framework of the letter by numbering the sentences in the text according to the details on the left.

1. Situe géographiquement la ville.

2. Caractérise les habitants.   n°. 3.

3. Caractérise la ville.   n°. 5.

4. Explique pourquoi il est dans cette ville.   n°. 2.

5. Donne ses impressions/ Exprime un sentiment.   n°. 7.   n°. 6.

6. Invite son ami à venir.   n°. 1.

7. Précise la durée de son séjour.

n°. 4.

> *Montréal le 20 avril*
>
> Cher Adrien,   *traffic*
>
> Je suis à Montréal pour mon travail. C'est une ville typiquement nord-américaine avec ses tours et sa circulation mais il y a aussi de vieux quartiers : les rues *old area* y sont calmes avec des petites maisons colorées. Chaque *colourful* maison a un petit jardin fleuri. C'est charmant ! J'adore ! *each* En fait, Montréal est une grande ville du nouveau monde à visage humain : il y a une grande diversité d'habitants, de catégories sociales et d'ethnies. Ici, les anglophones ressemblent à des latins et les francophones sont assez disciplinés.
>
> Je reste jusqu'à fin août : tu peux donc faire un petit tour ici après ton stage aux États-Unis.
>
> Montréal est seulement à 600 km de New York !
>
> Je t'attends !
>
> Salut   Julien

actually, indeed, infact

S'EXPRIMER – ÉCRIT ✐

CORRESPONDANCE (SUITE)

11

You are staying at a place you have never visited before. On a separate sheet of paper, write a letter to a friend. Use the same framework as in Julien's letter to Adrien.

DU CÔTÉ DU LEXIQUE

LES ACTIVITÉS CULTURELLES/DE LOISIRS

1

Say where you can do the following things: *à l'extérieur* – *à l'intérieur* – *les deux sont possibles*.

1. J'admire les façades des bâtiments de Bruxelles.   *à l'extérieur*
2. Je fais du shopping dans les galeries couvertes Saint-Hubert.   *à l'intérieur*
3. Je visite le musée des beaux-arts.   *à l'intérieur*
4. Je dîne dans un restaurant typique du centre ville.   *les deux sont possibles*
5. Je cherche des objets anciens.   *à l'extérieur*
6. Je découvre les personnages de BD. *Bande Desinnée*   *les deux sont possibles*
7. Je fais une promenade dans le quartier des institutions européennes. *(cartier)*   *à l'intérieur*

2

Match the words in both columns. Several answers are possible.

1. un concert
2. un film
3. une émission
4. une exposition
5. une compétition
6. une pièce

a. de sport
b. de télévision
c. de musique
d. de peinture
e. de science-fiction
f. de théâtre

DU CÔTÉ DE LA GRAMMAIRE

LE FUTUR SIMPLE

3

a) Fill in the blanks by putting the verbs in brackets into the simple future.

Troisième jour : le matin. Nous (aller) ...irez... au Biodôme de Montréal. Vous y (découvrir) ...*découvrirez*... les quatre écosystèmes du continent américain. Cette visite (permettre) ...*permettra*... *to permit* à tous de connaître des climats, des saisons, des végétations différentes. Les enfants (avoir) ...*auront*... la joie de voir des animaux dans leur environnement naturel.

b) Put the text below into the future tense.

Troisième jour : l'après-midi. Nous partons ensuite en direction du Centre canadien d'Architecture : le CCA vous permet de découvrir l'architecture. Sur place, vous admirez ses expositions, vous restez un long moment dans la librairie et vous vous promenez dans le magnifique jardin de sculptures. Les amateurs d'architecture ancienne visitent avec plaisir la maison Shaughnessy, construite en 1874 et superbement restaurée.

partirons *admirerez* *resterez* *permitez*
découvrirez *promenerez* *visiteront*

....
....
....
....

LE PRÉSENT CONTINU

4

Say what these characters are doing.

Exemple : → *Ils sont en train de visiter un musée/regarder un tableau.*

1. Vous *êtes en train de prendre une photo*

2. Elle *est en train d'écrire*

3. Je *suis en train d'apprendre à faire du vélo*

4. Il *est en train de dormir*

5. Nous *sommes en train de trinquer*

6. Tu *es en train d'acheter un billet*

LE PRONOM *ON*

5

the people / we   everyone

Replace *on* with *les gens, nous* or *quelqu'un*, according to the meaning and make the necessary changes.

Quelqu'un = someone anyone any

✉ Envoyer maintenant   Options ▼   Insérer ▼   Catégories ▼

De : emilie@hotmail.com

À : marieleconte@yahoo.fr

Objet : coucou de Montréal !

Chère Émilie,
Quel bonheur, Montréal, l'été ! Il y a plein d'animations et de festivals. Avec Pierre, on fait beaucoup de vélo et *nous faisons*
de roller (ici on appelle ça les « patins à roues alignées » !).
Les gens sont très sympathiques. On se parle facilement, le contact est simple et direct. On a passé une soirée *Nous avons / quelqu'un a passé*
inoubliable avec des Montréalais hier, et on nous a proposé de passer le week-end à Québec !
J'ai pris beaucoup de photos et je suis en train de faire un album. On le regarde à mon retour ?
Bises, *Nous le regardons*
Marie

On fait beaucoup de vélo = Nous faisons de vélo

On se parle facilement = Les gens parlons facilement

On a passé une soirée = Nous avons passé = Quelqu'un a passé

On le regarde à mon retour = Nous le regardons

S'INFORMER SUR DES ACTIVITÉS CULTURELLES

6

Using the information given in this guide, complete the telephone conversation below.

FÊTES ET FESTIVALS À BRUXELLES	
MAI	
CONCOURS MUSICAL INTERNATIONAL REINE ÉLISABETH Un des événements les plus attendus. Concours de piano, de violon et de chant. Pour les finales, il faut prendre ses billets plusieurs semaines à l'avance.	**JAZZ MARATHON** Excellent festival de jazz partout dans la ville.
	PARCOURS D'ARTISTES À Saint-Gilles, portes ouvertes d'ateliers d'artistes.
LE VINGT-KILOMÈTRES DE BRUXELLES Course à pied. Manifestation ouverte à tous.	**ARTS BRUSSELS** Le palais du Heysel accueille 140 galeries d'art contemporain de réputation internationale.
JUIN	
FESTIVAL COULEUR CAFÉ Concerts multiculturels sur le site Tour et Taxis.	
ÉCRAN TOTAL Au cinéma Arenberg, pendant tout l'été, des films inédits ou des classiques pour le plus grand bonheur des cinéphiles.	

(handwritten annotations: contest; One of the most anticipated events; several; everywhere; course; home; something)

– Allô ! Office de promotion du tourisme à Bruxelles à votre service !

– Oui, bonjour, monsieur, je voudrais avoir des informations sur le programme culturel à Bruxelles au mois de mai prochain.

– Alors, pour la musique, vous *irez au festival de jazz. C'est marathon de musique jazz, et c'est partout dans la ville de Bruxelles. Aussi, il y a le concours de piano, de violon, et de chant. Je recomend vous acheter les billets plusieurs semains à l'avance.*

– Et il y a des expositions de peinture ou de sculpture ?

– *Vous visiterez le palais du Heysel a regarder d'art contemporain de réputation. Ou, à Saint Gilles, vous visiterez d'ateliers d'artistes parceque il y a portes ouverts en mai.*

– Ah ! Très bien. Est-ce que vous avez aussi quelque chose avec le cinéma au mois de mai ?

– *Il n'y pas de fêtes ou festival avec le cinéma en mai. Mais, il y a beaucoup des cinémas dans la ville.*

– Bien, merci ! Dernière question : mon fils adore le sport. Est-ce qu'il y a des manifestations sportives prévues à cette époque ?

– ....

....

– Je vous remercie beaucoup ! Au revoir !

COMPRENDRE – ÉCRIT ⊚

WEEK-END CULTUREL

7

a) Read the following e-mail. A tourist is talking about his visit to the Belgian Comic Strip Centre.

| ⬈ Envoyer maintenant | 🔘 🗂 🔗 ▾ 🗑 📎 ✒ ▾ | 🗒 Options ▾ | 🎞 Insérer ▾ | ☰ Catégories ▾ |

De :	sebastienmoury@wanadoo.fr ⬍
À :	👤 claudemoury@wanadoo.fr
Objet :	week-end à Bruxelles

Chère maman,
Notre séjour à Bruxelles se passe super bien. Hier nous sommes allés tous les quatre au centre belge de la BD :
on a admiré l'architecture extérieure et intérieure du bâtiment, de style Art nouveau. 400 m^2 de rêve !
En fait, il y a deux musées : le Musée de l'imaginaire – c'est l'histoire de la BD en Belgique jusqu'en 1950 – et
le Musée de la BD contemporaine. Les enfants ont adoré la salle de lecture ! Imagine : une salle avec plus de
24 000 titres en dix langues !
On n'a pas eu le temps de tout visiter alors, demain, on y retourne pour voir l'atelier de E.P. Jacobs (le créateur
de Blake et Mortimer) et une expo sur l'Art nouveau.
Et après, déjeuner en famille à la brasserie du musée !
Gros baisers de nous quatre,
Sébastien

b) Choose the places or unusual things to see in this centre and then describe them.

....
....
....
....
....
....
....

S'EXPRIMER – ÉCRIT ⊘

WEEK-END CULTUREL (SUITE)

8

You have to prepare a brochure in French promoting a museum in your town. Give the name of the museum, programmes, opening hours, ticket prices.

MUSÉE :	HORAIRES D'OUVERTURE :
VISITE :	....
....	
....	TARIFS :
....	....
....	
....	

DU CÔTÉ DU **LEXIQUE**

LES ALIMENTS

1
Cross the odd one out.

1. le bœuf – l'agneau – le riz – le lapin – le poulet – le porc
2. le citron – le comté – la pomme – l'orange – le raisin – la poire
3. le beurre – le yaourt – le camembert – les pâtes – le comté – la crème fraîche
4. le poireau – le pain – la salade – la pomme de terre – la tomate – l'artichaut

2
Rewrite the menu.

olive oil
chicken
white wine
tarragon
crème fraîche

> *Entrée*
> SALADE DE POMMES DE TERRE
>
> *Plat principal*
> GRATIN DE COURGETTES
> POULET À L'ESTRAGON
>
> *Fromage*
> CAMEMBERT
>
> *Dessert*
> TARTE AUX CERISES

3
Study these photos from a cookbook and identify the ingredients used for these two dishes.

1. *Du vinaigre,* du beurre, des œufs, un citron, des thons, un persil, l'ail, des pommes des terres

2. un citron, l'artichaut, des champignons, des haricots, des lentilles

DU CÔTÉ DE LA **GRAMMAIRE**

NOMMER DES PLATS : *DE* + NOM, *À* + ARTICLE + NOM

4

a) Find names of dishes using the following elements. Use *de* + noun or *à* + article + noun.

Exemple : gratin de poisson, glace au chocolat

riz – tomates – crème – fraises – haricots – glace – bœuf – vanille – salade – tarte – chocolat – gâteau – lapin – pommes de terre – rôti – purée – crêpe – comté – veau – cerises

veal

...salade de tomates

...tarte aux cerises

...gâteau du chocolat

......

......

......

......

......

......

......

b) Make up some original or even inedible dishes!

Exemple : veau aux fraises/yaourt aux tomates

......

......

......

......

......

......

LES ARTICLES

5

1) When using aimer, adorer, detester, use le, la, l, les

2) When using vouloir, prendre, use du, dela d', des

Complete with *le, la, l', les, un, une, du, de la, de l', des* or *de*.

1. – Vous prenez du poulet ?

   – Ah oui ! J'adore .....*le*..... poulet.

2. – Vous désirez ....*un*..... fruit ?

   – Non, je ne mange pas .....*de*..... fruit après le fromage.

3. – Vous prenez ....*des*..... légumes ?

   – Non, je prends .*pas*...*de*.. riz.

4. Qu'est-ce que tu choisis en entrée : ..*de la*..... salade ou ...*de la*... terrine de lapin ?

5. – Tu n'aimes pas ....*les*..... poireaux, tu détestes .....*le*..... chou, mais qu'est-ce que tu aimes ?

   – J'aime bien .....*les*..... navets.

6. – Tu manges .*de la*... viande ?

   – Oui, mais ...*de la*... viande blanche uniquement : .....*du*.... poulet ou ...*de la*... dinde.

PARLER DE SA CONSOMMATION ALIMENTAIRE

6

Put the dialogue in the right order.

..4... **a.** – Ben oui, j'ai mangé seulement la viande et j'ai laissé les courgettes. *left*

..2... **b.** – En entrée, une salade et après on nous a servi de la dinde avec des courgettes.

..6... **c.** – Oui, je sais, mais j'ai pris une salade de haricots verts en entrée.

..1... **d.** – Qu'est-ce que tu as mangé à midi à la cantine, mon chéri ?

..8... **e.** – De la mousse au chocolat ! J'en ai pris trois fois. *I have taken three times*

..7... **f.** – Ah oui ! C'est vrai, les haricots verts de l'entrée, ça fait le légume. Et comme dessert ?

..5... **g.** – Mais je te dis et je te répète qu'il faut toujours manger un légume !

..3... **h.** – Ça alors ! Mais tu n'aimes pas les courgettes !

7

a) Imagine this person's eating habits.

Il mange de la fromage souvent
Il ne mange pas de legumes

jamais   never
rarement   rarely
parfois   sometimes
souvent   often
tout le temps
*   all the time*

b) He has decided to lose weight. Describe his new eating habits.

Il mange beaucoup de salade
Il bois plus d'eau
Il ne mange pas de dessert

8

Describe the eating habits of the following people and animals.

1. un bébé de deux mois : il bois beaucoup de lait
2. un chat : il mange du pâte
3. un sportif : il mange de la banane
4. un chien : il mange des croquettes
5. un mannequin : il bois beaucoup du thé vert
6. un lapin : il mange beaucoup de carrottes
7. un végétarien : il mange les legumes tout les jours
8. une vache : il mange plus d'herb

COMPRENDRE – ÉCRIT 👁

BONNES OU MAUVAISES HABITUDES ?

9

a) Read the text and explain the title.

..... *Teenagers generally have a bad diet* .....

....

b) Give a title to each paragraph.

Petite dejeuner

Dejeuner

Apres l'école

Diner

RÉGIMES ADOS : MAUVAISE NOTE !

[handwritten: teen]

Les adolescents se nourrissent mal : c'est le cri d'alarme
des médecins nutritionnistes et des diététiciens.

Pour commencer la journée, garçons et filles se contentent en général d'une *[only]* simple boisson chaude (chocolat, café, thé) et s'étonnent de se sentir *[be surprised]* fatigués vers 11 heures !
À midi, les élèves qui déjeunent à la cantine sont certains de bénéficier d'un *[what about the]* menu équilibré (légumes, viande ou poisson, laitage, fruit) mais que dire des *[young people who]* jeunes qui n'avalent qu'un sandwich en vitesse ou, pire, grignotent une barre *[swallowed]* *[speed]* *[worst]* *[graze]* chocolatée ?
À la sortie des cours, vers 17 heures, rares sont les pauses goûter avec laitages et fruits : c'est plutôt l'heure de la cigarette (37 % fument du tabac tous les *[rather]* jours).
Enfin, le soir, c'est de plus en plus la pratique du self-service qui fonctionne et, là, les ados se composent des menus à partir des ressources du réfrigérateur familial, d'où l'importance des choix parentaux en matière d'alimentation.

S'EXPRIMER – ÉCRIT ✒

BONNES OU MAUVAISES HABITUDES ? (SUITE)

10

You have read this ad on a website. On a separate sheet of paper, answer the question by talking about your daily food and eating habits.

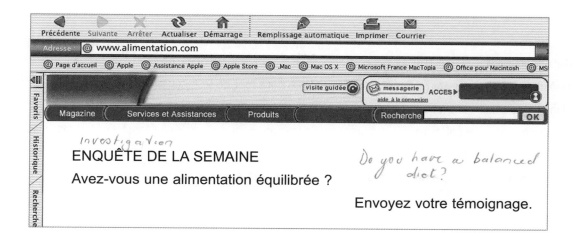

Précédente Suivante Arrêter Actualiser Démarrage   Remplissage automatique Imprimer Courrier

Adresse @ www.alimentation.com

@ Page d'accueil @ Apple @ Assistance Apple @ Apple Store @ .Mac @ Mac OS X @ Microsoft France MacTopia @ Office pour Macintosh @ MS

visite guidée messagerie ACCES ▶ aide à la connexion

Magazine   Services et Assistances   Produits   Recherche OK

[investigation]
ENQUÊTE DE LA SEMAINE
Avez-vous une alimentation équilibrée ?

[Do you have a balanced diet?]

Envoyez votre témoignage.

DU CÔTÉ DU **LEXIQUE**

LES VÊTEMENTS ET ACCESSOIRES

1

Match the following elements. Pay attention to gender and number agreement. Several answers are possible.

> un short – un pull – une jupe – un pantalon – un manteau – des chaussures – un tee-shirt – un sac – une veste – des lunettes – une robe – une écharpe

> uni – à talons plats – en cuir – en coton – en soie – à manches longues – noir – court – à fleurs – longue – à col roulé

un short = shorts
un pull = pollover
une jupe = skirt
un pantalon = trousers
un manteau = coat
des chaussures
un tee-shirt = t-shirt

un sac = a bag
une veste = jacket
des lunettes = glasses
une robe = dress
une écharpe = scarf
uni = one colour
à talons plats = flat heels
à col roule = rollneck

en cuir = leather
en coton = cotton
en soie = silk
à manches longues = long sleeves
noir = black
court = short
à fleurs = floral
longue = long

2

You are packing for a week's holiday. Make a list of the clothes and accessories you are taking with you.

1. à Nice au mois d'août

2. à Chamonix (dans les Alpes) en hiver

3. à Cannes en mai pour le festival de cinéma

1. ....

2. ....

3. ....

3

a) Cross the odd one out.

winter/warm

1. un maillot de bain – un tee-shirt – des chaussettes en laine – une robe en soie – un short – un bermuda – des lunettes de soleil – une jupe en coton

   not accessory

2. des gants en laine – des bottes en cuir – un manteau de fourrure – une écharpe – un bonnet – un top sans manches – un blouson – des collants en laine

   wool   leather   fur   wool

b) Read the two lists again: circle the clothes and accessories that are specifically feminine.

DU CÔTÉ DE LA **GRAMMAIRE**

LES PRONOMS COMPLÉMENTS D'OBJET DIRECT *LE, LA, L', LES*

4

Complete with the appropriate pronoun.

> ### TEST DE LA SEMAINE :
> ### ÊTES-VOUS UNE FASHION VICTIM ?
>
> **1** Les mannequins
>
> a. Vous .... trouvez beaux/belles et vous essayez de .... imiter.
>
> b. Vous .... critiquez souvent.
>
> c. Vous ne .... regardez jamais.
>
> **2** Un chèque surprise de 300 euros
>
> a. Vous .... dépensez immédiatement dans une boutique de vêtements branchés*.
>
> b. Vous ne .... dépensez pas en vêtements mais en matériel high-tech.
>
> c. Vous .... déposez à la banque parce que vous ne savez pas comment .... utiliser maintenant.
>
> **3** Une veste sublime dans une boutique
>
> a. Vous entrez et vous .... achetez sur le champ.
>
> b. Vous .... essayez en présence d'un(e) ami(e) et demandez son opinion.
>
> c. Vous attendez le moment des soldes pour vous .... offrir.
>
> **4** La mode
>
> a. Vous .... suivez rigoureusement.
>
> b. Vous .... adaptez à votre personnalité.
>
> c. Vous .... devancez.
>
> * Branché : à la mode.

DU CÔTÉ DE LA **COMMUNICATION**

EXPRIMER UNE APPRÉCIATION POSITIVE OU NÉGATIVE

5

Observe these two models.
Make positive and negative comments about their appearance and dress.
Use phrases like: *elle a l'air de* + noun –
elle a l'air + adjective –
je la/les trouve + adjective.

1.

2.

1. ....

   ....

2. ....

   ....

CONSEILLER QUELQU'UN

6

You are giving advice to a friend who thinks she's too fat/thin. Use the following structures: *il faut* + noun or infinitive verb – *tu peux/dois* + infinitive – imperative – *n'hésite pas à* + infinitive – *évite de* + infinitive.

Exemple : Porte des couleurs foncées./Il faut porter souvent du noir.

....

....

....

....

....

EN SITUATION

S'EXPRIMER – ÉCRIT

DES GOÛTS ET DES COULEURS

7

a) Study this jigsaw and, on a separate sheet of paper, imagine two outfits (classical, elegant, original, funny). For each outfit, select four elements from the jigsaw (head, clothes for upper and lower body, shoes) and add the colours.

b) On a separate sheet of paper, write an article for a fashion magazine in which you describe models wearing the two outfits you have created.

Exemple : Barthélemy, notre mannequin blond, porte un pull-over blanc en coton, un bermuda en lin, à rayures noires et rouges. Il porte des tennis noires avec des chaussettes de sport blanches. On adore !

LES CADEAUX

1

Match the categories with the gifts.

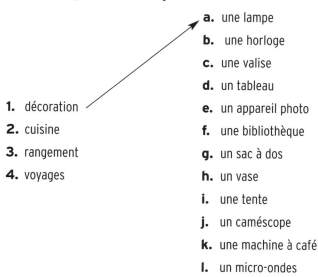

1. décoration
2. cuisine
3. rangement
4. voyages

- **a.** une lampe
- **b.** une horloge
- **c.** une valise
- **d.** un tableau
- **e.** un appareil photo
- **f.** une bibliothèque
- **g.** un sac à dos
- **h.** un vase
- **i.** une tente
- **j.** un caméscope
- **k.** une machine à café
- **l.** un micro-ondes

2

Match the people with the gifts. Several answers are possible.

Je cherche un cadeau pour les personnes suivantes, qu'est-ce que vous me conseillez ?

1. un(e) ami(e) fashion victim
2. un(e) ami(e) fumeur
3. un(e) ami(e) intello
4. un couple de cinéphiles
5. un(e) ami(e) globe-trotter
6. un couple de personnes âgées
7. votre père
8. votre mère
9. votre petit(e) ami(e)
10. vos neveux de dix ans

- **a.** un parfum
- **b.** un sac Gucci
- **c.** un roman d'aventures
- **d.** un briquet
- **e.** un jeu vidéo
- **f.** un tee-shirt de marque
- **g.** des places de cinéma
- **h.** un bijou fantaisie
- **i.** une serviette de plage
- **j.** un stylo en or
- **k.** un cendrier
- **l.** un livre d'essai philosophique
- **m.** une cravate
- **n.** un tablier de cuisine
- **o.** un DVD
- **p.** un pendentif
- **q.** une bande dessinée
- **r.** un chèque-théâtre

LES PRONOMS COMPLÉMENTS D'OBJET INDIRECT *LUI* ET *LEUR*

3

Say who these people are: rewrite, as shown in the example.

Exemple : On lui demande conseil quand on a un problème personnel.
→ On demande conseil **à son psychologue** quand on a un problème personnel.

1. On leur envoie une carte postale de vacances.

....

2. Je lui fais un cadeau pour sa fête. ....

3. Je lui dis : « Je t'aime. » ....

4. On leur offre surtout des jouets. ....

5. La police lui demande ses papiers. ....

6. On leur parle lentement parce qu'ils ne comprennent pas bien notre langue.

....

LES PRONOMS RELATIFS *QUI* ET *QUE*

4

a) Complete with *qui* or *que* and then say what these people's occupations are.

*Exemple : C'est une personne **qui** joue d'un instrument et **que** vous pouvez écouter en concert.* → un musicien

1. C'est une personne .... vous consultez quand vous êtes malade et .... vous prescrit des médicaments.

→ ....

2. C'est une personne .... s'occupe des fleurs et des plantes. → ....

3. C'est une personne .... peut gagner beaucoup d'argent et .... on peut voir au cinéma.

→ ....

4. C'est une personne .... travaille à la radio, à la télé ou pour un journal et .... nous informe sur l'actualité.

→ ....

b) Your turn! Think up another four riddles for your friends to solve.

....

....

....

....

5

a) Rewrite as shown in the example and then say what the object is.

Exemple : Dans ma chambre : J'utilise cet objet pour éclairer la pièce ; cet objet est décoratif.
→ C'est un objet que j'utilise pour éclairer la pièce et qui est décoratif. → une lampe

Dans ma salle de bains

1. Je prends cet objet pour me laver les dents. C'est un objet ....

.... → ....

2. Cet objet est très pratique pour se coiffer. C'est un objet ....
.... ➜ ....

3. Cet objet est en coton et je l'utilise après la douche. C'est un objet ....
et .... ➜ ....

Dans ma cuisine

4. Cet objet est en métal et permet de cuire des aliments. C'est un objet ....
et .... ➜ ....

5. Cet objet sert à boire du café et du thé et il est souvent en porcelaine. C'est un objet....................
et .... ➜ ....

b) Your turn! Think up another four riddles using everyday objects.

....
....
....
....
....
....
....

DU CÔTÉ DE LA **COMMUNICATION**

CONSEILLER SUR LE CHOIX D'UN CADEAU

6

Complete these dialogues with the sentences below.

a. Offrez-leur un week-end en Italie

b. Prends-lui un appareil numérique

c. On peut lui offrir un téléphone portable

d. Vous pouvez lui prendre un vélo

e. Je vous conseille de lui offrir un parfum

f. Achète-lui plutôt un livre ou un CD, pour changer

1. – Qu'est-ce que j'offre à Corinne ?
– ...., elle adore la photo !

2. – On a déjà pensé à tous nos cadeaux de Noël, mais on ne sait pas quoi offrir à nos parents !
– ...., il y a des promotions de voyages sur Internet en ce moment !

3. – Et pour papa, je prends une cravate, comme d'habitude ?
– .... !

4. – Mademoiselle, vous pouvez me conseiller ? Qu'est-ce que je peux offrir à un enfant de cinq ans ?
– ...., les petits garçons aiment bien faire du sport !

5. – Tu as une idée de cadeau pour l'anniversaire de maman ?
– ...., comme ça elle pourra nous appeler !

6. – Madame, je cherche une idée de cadeau pour mon épouse.
– Ah ! Monsieur, ... Ça fait toujours plaisir à une femme.

CARACTÉRISER UN OBJET PAR SA FONCTION

7

a) Explain what we use these objects for, as shown in the example.

Exemple : un couteau → Il sert à/Il permet de/On l'utilise pour couper quelque chose.

1. un stylo ....

2. une clé ....

3. un réfrigérateur ....

4. une voiture ....

5. une valise ....

6. un réveil ....

7. un caméscope ....

b) Choose objects in the classroom, from your pocket or from your bag and explain what they are used for.

....

....

EN SITUATION

S'EXPRIMER – ÉCRIT ✐

OBJETS INTROUVABLES

8

These unusual objects come from the *Catalogue des objets introuvables*.
On a separate sheet of paper, write a caption for each object in the catalogue.
Imagine a name for it and give details about its shape, colour and function.

Exemple : → GONFLEUR : casserole de camping. C'est une casserole gonflable en plastique qu'on peut transporter facilement et qui est idéale pour le camping.

1.

2.

3.

LA COMMANDE DE LIVRES

1

Complete with the following words: *prix – disponible – commander – réduction – édition – commande – auteur.*

– Bonjour, monsieur.

– Bonjour, madame. Je voudrais .... le livre *Nouveaux Contes de Noël.*

– Qui est l' .... ?

– Je ne sais pas.

– Vous connaissez le nom de la maison d'..................................... ?

– C'est publié chez Hachette, je crois.

– Bien, je prends votre ...., le livre sera .... dans une semaine.

– Vous pouvez me dire quel est le .... du livre ?

– 15,90 €, la .... de 5 % est incluse.

LES COMMERCES, LES COMMERÇANTS

2

Say where you can buy these things. Several answers are possible.

Exemple : pour acheter des gâteaux ➜ à la pâtisserie, chez le pâtissier

1. pour acheter des tomates ....

2. pour acheter des médicaments ....

3. pour acheter des biftecks ....

4. pour acheter des tulipes ....

5. pour acheter des œufs ....

6. pour acheter des croissants ....

7. pour acheter des moules ....

3

Cross the odd one out.

1. des oranges – des poires – des carottes – des bananes – des pommes – des fraises

2. du melon – des radis – du poulet – de la salade – des pommes de terre – des petits-pois

3. de la tomme – du cabillaud – du camembert – du lait – de la crème fraîche – du beurre

4

Correct the mistakes as shown in the example. Several answers are possible.

Exemple : une ~~tablette~~ de gâteau ➜ une part/un morceau de gâteau

1. un kilo d'huile ....

2. une botte de bonbons ....

3. un tube de beurre ....

4. un pot de jambon ....

5. un paquet de fromage ....

6. une boîte de radis ....

7. un morceau de mayonnaise ....

8. un litre de moutarde ....

9. une part de biscuits ....

DU CÔTÉ DE LA GRAMMAIRE

EXPRIMER DES QUANTITÉS

5

Give the necessary quantities for six people, then for twelve people, as shown in the example.

Exemple : Pour six personnes il faut 250 grammes de pâte brisée, mais pour douze personnes il en faut 500 grammes.

> ## Tarte aux abricots
> ### *Ingrédients pour 6 personnes*
>
> - pâte brisée (250 grammes)
> - beurre (50 grammes)
> - œufs (2)
> - crème fraîche (15 centilitres)
> - abricots (12)
> - sucre vanillé (une cuillère à soupe)
> - sucre (75 grammes)

....

....

....

....

....

....

....

....

....

....

6

Complete the dialogues with the pronoun *en* and the appropriate verb.

Exemple : — Vous avez des tomates ?
➔ *— Oui, nous **en** avons des belles aujourd'hui.*

Chez le marchand de fruits et légumes

1. – Il vous reste des poires ?

– Ah non ! Désolé, il ne .... plus. J'ai tout vendu.

2. – Vous me mettez aussi un kilo de pommes de terre, s'il vous plaît.

– Allez, je vous .... 3 kilos pour le prix de 2. Cadeau de la maison !

Dans un magasin de chaussures

3. – Vous avez des chaussures de sport pour enfant ?

– Oui bien sûr, on .... de différentes marques

4. – Je voudrais ces escarpins en 38, s'il vous plaît.

– Je regrette, madame, je ne .... plus dans cette pointure.

Dans le train

5. – Excusez-moi, il y a un wagon restaurant dans ce train ?

– Oui, il y .... un en milieu de train.

6. – Vous avez un billet ?

– Oui, je .... un, mais je ne sais pas où il est !

Chez le fleuriste

7. – Vous n'avez pas de tulipes ?

– Non, je regrette, nous ne .... pas en ce moment.

8. – Je voudrais des roses blanches.

– Oui, combien exactement ?

– Je .... une dizaine.

À l'école

9. – Il y a combien d'enfants dans chaque classe ?

– Il y .... trente, en moyenne.

10. – Vos enfants ont une tenue de sport ?

– Oui, ils .... une toute neuve.

DU CÔTÉ DE LA **COMMUNICATION**

FAIRE DES ACHATS

7

For each situation, tick the correct sentences.

Vous êtes client dans un magasin.

1. Vous demandez un produit. Vous dites :

☐ **a.** Donnez-moi des pommes.

☐ **b.** Je voudrais des pommes.

☐ **c.** Prenez des pommes.

2. Vous demandez le prix d'un article. Vous dites :

☐ **a.** Quel est le prix de ce livre ?

☐ **b.** Ça fait combien ?

☐ **c.** Ça coûte combien ?

3. Vous demandez le total à payer. Vous dites :

☐ **a.** Ça fait combien ?

☐ **b.** Je vous dois combien ?

☐ **c.** Ça coûte combien ?

8

Complete the dialogue using the following cues.

Ce sera tout ?

Ça fait 9,10 €.

Combien en voulez-vous ?

Vous désirez autre chose ?

Désolé, je n'en ai plus du tout.

Vous désirez ?

Et avec ça ?

LE VENDEUR : ....

LA CLIENTE : Je voudrais des pommes, s'il vous plaît.

LE VENDEUR : ....

LA CLIENTE : J'en prends 1 kilo.

LE VENDEUR : ....

LA CLIENTE : Donnez-moi un melon bien mûr, s'il vous plaît.

LE VENDEUR : ....

LA CLIENTE : Bon, alors je prendrai trois pamplemousses.

LE VENDEUR : ....

LA CLIENTE : Oui, donnez-moi aussi 1 kilo de tomates.

LE VENDEUR : ....

LA CLIENTE : Oui, je vous dois combien ?

LE VENDEUR : ....

EN SITUATION

S'EXPRIMER – ÉCRIT ✐

SCÉNARIO

9

On a separate sheet of paper, write an excerpt from a film screenplay using the following information.

La scène se passe sur un marché, au stand d'un fleuriste. Un jeune homme désire acheter un bouquet de fleurs : il aime bien les roses rouges mais c'est la fin du marché et le fleuriste a déjà tout vendu. Alors, il lui propose de belles roses blanches ; le jeune homme demande le prix et, finalement, il repart avec douze roses blanches (payées par chèque).

LE FLEURISTE : ...

LE JEUNE HOMME : ...

LES SORTIES ET SPECTACLES

1

Find words that have to do with leisure and outings.

Sorties : *cinéma,* ....

....

2

Read these comments and say what kind of show these people have seen.

1. Moi, c'est le numéro avec les tigres que j'ai préféré !

   ....

2. J'ai trouvé les comédiens sublimes ! La salle a applaudi pendant dix minutes !

   ....

3. C'est excellent ! Je comprends pourquoi il a eu un Oscar. En plus, il fait partie de la sélection du Festival de Cannes !

   ....

4. Ah ! Le type qui joue du saxo en solo est génial !

   ....

5. Oui, pas mal, mais finalement je n'ai pas beaucoup ri, c'est un peu répétitif les sketches.

   ....

6. Je vous conseille d'aller écouter ce pianiste et ce violoncelliste. Quel talent !

   ....

LE REGISTRE FAMILIER

3

a) Complete these dialogues using the following words: *crevé – boulot – terrible – sympa – marrant.*

1. – Allez, on va au ciné ce soir ?

   – Oh ! T'es pas ...., tu sais que j'ai du .... !

2. – Tu as aimé la pièce ?

   – Bof, pas .... !

3. – Trois heures de spectacle ! Je suis ...., je rentre me coucher !

4. – Qu'est-ce qu'on choisit comme film ?

   – Plutôt quelque chose de ...., je n'ai pas envie de pleurer !

b) Rewrite the answers using synonyms.

1. ....

2. ....

3. ....

4. ....

NE... QUE

4

Rewrite the sentences using *ne... que*, as shown in the example.

Exemple : On donne ce spectacle seulement à Paris. ➜ *On **ne** donne ce spectacle **qu'**à Paris.*

1. J'ai vu deux films dans l'année. ....
2. Tu as réservé pour deux personnes ! ....
3. Vous avez assisté à un seul festival ! ....
4. Nous aimons la musique techno. ....
5. Ils sont allés une seule fois à l'Opéra. ....
6. Elle aime les comédies. ....

NE... QUE, NE... PLUS

5

Sophie wants to make a tart but she doesn't have all the ingredients nor the necessary quantities. Explain her problem.

Exemple : 200 grammes de farine (100 grammes)
➜ *Elle n'a que 100 grammes de farine./Il n'y a que 100 grammes de farine./Il ne reste que 100 grammes de farine.*

....
....
....
....
....

Tarte au fromage	
200 gr de farine	(100 gr)
1 cuillerée à café de sel	
100 gr de parmesan	(0 gr)
50 gr de gruyère râpé	
125 gr de beurre	(75 gr)
2 œufs	(1)
1 tasse de lait	(0)

DU CÔTÉ DE LA **COMMUNICATION**

CHOISIR UN SPECTACLE

6

Study the poster advertising a show and complete the dialogue.

ELLE : Qu'est-ce qu'on donne en ce moment au théâtre des Nouveautés ?

LUI : ....

ELLE : Ah ! C'est peut-être pas mal ! C'est avec qui ?

LUI : ....
Tu les connais ?

ELLE : Oh oui ! Ils sont .... !

LUI : Alors on peut y aller dimanche prochain ?

ELLE : .... Mais c'est à quelle heure exactement ?

LUI : ....

ELLE : D'accord, je téléphone tout de suite pour réserver.

COMPRENDRE – ÉCRIT 👁

CALCUL

7

A child has done his maths homework. Look at his answers to the three problems and correct the results if necessary.

Fort ou faible en maths ?

1. – Tu as 12 bonbons. Tu en as mangé 9. Combien est-ce que tu en as maintenant ?
   – Je n'en ai que trois.

   ....

2. – Il te faut une demi-douzaine d'œufs pour faire une omelette et tu en as 7. Est-ce que tu as assez d'œufs pour faire ton omelette ?
   – Non, je n'en ai pas assez.

   ....

3. – Tu as 3 billets de 5 €, 2 pièces de 2 € et une pièce de 1 €. Tu as acheté 4 places de cinéma à 5 € la place. Est-ce que tu as encore de l'argent ?
   – Oui, j'ai encore 1 euro.

   ....

S'EXPRIMER – ÉCRIT ✎

CALCUL (SUITE)

8

Your turn! Think up a maths problem using the following plan. Ask your classmates to solve it. Write the solution.

La situation de départ ....

....

Le problème rencontré ....

....

La question posée ....

....

La solution ....

....

LA CARACTÉRISATION POSITIVE OU NÉGATIVE

1

Complete with the words below. Pay attention to gender and number agreement.

varié – génial – sans originalité – délicieux – nouveau – copieux – banal – petit – désagréable – chaleureux

Dans le livre d'or du restaurant

1. Bravo ! La cuisine est .... et le personnel très .... !

2. Non, je ne reviendrai plus ici ! L'ambiance est .... et la cuisine est .... !

3. Félicitations pour vos menus à .... prix ! La cuisine est très ...., c'est bien pour les gros appétits.

4. Bravo pour votre restaurant qui ne ressemble pas aux autres ! Le décor est ...., les plats très .... : tout le monde peut choisir selon ses goûts.

5. Votre .... carte est formidable, mais je trouve la décoration de la salle un peu .... Dommage !

LE RESTAURANT

2

Read the following review of a restaurant and put the underlined words back in their proper places.

> **Cuisine lyonnaise** ▬▬▬▬▬▬
> **Daniel et Denise**
> **15, rue de Créqui**
> **69003 Lyon**
>
> *Venez vite découvrir ce petit <u>dessert</u> au cœur de Lyon. La <u>réservation</u> est belle et la <u>cuisine</u> y est très sympathique. Côté <u>salle</u>, trois menus avec <u>ambiance</u>, plat et <u>soir</u> à 15,20 et 30 €, <u>restaurant</u> compris.*
>
> Ouvert toute la semaine.
> Fermé le dimanche <u>service</u>.
> ▬▬▬▬▬▬▬▬▬ <u>Entrée</u> conseillée.

....

....

....

....

....

....

....

....

DU CÔTÉ DE LA **GRAMMAIRE**

LA PLACE DE L'ADJECTIF

3

Put the following adjectives in the appropriate place: *petit − nouveau − varié − petit − simple − grand − beau.*
Several answers are possible. Pay attention to gender and number agreement.

> ☕ À DÉCOUVRIR 🍷🍾
>
> Ce .... restaurant .... de quartier vient
>
> de changer : il a un .... propriétaire ....
>
> Le chef vous propose une .... cuisine ....
>
> à .... prix ....
>
> Vous apprécierez aussi le .... décor .... mais
>
> de bon goût, et les vins de .... qualité ....
>
> Félicitations pour cette .... réussite .... !

4

Describe the different types of cuisine using the following adjectives: *grand(e) − copieux/copieuse − savoureux/savoureuse − facile − génial(e) − varié(e) − délicieux/délicieuse − simple − bon(ne).*
Several possible answers. Pay particular attention to where you put the adjective.

1. une recette pour débutants   une ....

2. un plat qui a très bon goût   un ....

3. la cuisine d'un chef   une ....

DU CÔTÉ DE LA **COMMUNICATION**

COMMANDER AU RESTAURANT

5

Who is talking? The waiter or the customer? Tick the correct answer.

	Le serveur	Le client
1. Nous n'avons plus de tarte.	▢	▢
2. Nous allons prendre deux menus.	▢	▢
3. Ça a été ?	▢	▢
4. Deux cafés et l'addition, s'il vous plaît !	▢	▢
5. Je peux vous changer de table, si vous voulez.	▢	▢
6. Ce vin va très bien avec le poisson.	▢	▢
7. Vous désirez ?	▢	▢
8. Faites vite, je suis pressé !	▢	▢

6

For each situation, tick the correct answer.

1. La serveur prend la commande. Il dit :
   - ☐ **a.** Et comme plat ?
   - ☐ **b.** C'est comme ça ?

2. Le serveur conseille un plat. Il dit :
   - ☐ **a.** C'est très bien, je le commande.
   - ☐ **b.** C'est très bon, je vous le recommande.

3. Le serveur veut connaître l'appréciation des clients. Il dit :
   - ☐ **a.** Il a plu ?
   - ☐ **b.** Ça vous a plu ?

4. Le client commande un plat. Il dit :
   - ☐ **a.** Je vais prendre un dessert.
   - ☐ **b.** Je vais attendre un dessert.

EN SITUATION

COMPRENDRE – ÉCRIT 👁

SORTIE PARISIENNE

7

True or false? Read the document and tick the correct answer.

1. Il s'agit d'une publicité pour une visite originale de Paris.   ☐ vrai   ☐ faux
2. On propose de dîner à la tour Eiffel.   ☐ vrai   ☐ faux
3. On peut venir à deux ou à plusieurs.   ☐ vrai   ☐ faux
4. On propose aussi un spectacle musical.   ☐ vrai   ☐ faux

S'EXPRIMER – ÉCRIT ✐

SORTIE PARISIENNE (SUITE)

8

You are a foreign journalist in Paris. You have just spent an evening on one of the boats presented in the above ad. On a separate sheet of paper, write a short article for your newspaper. Talk about the evening: When was it? Who with? Where? Give your opinion on the setting, the atmosphere, the cuisine, the staff and the prices.

DU CÔTÉ DU **LEXIQUE**

LA VILLE ET LA CAMPAGNE

1

Classify the nouns and phrases into the two categories below.

le stress – la pollution – la verdure – le béton – la nature – le jardinage – le métro – les promenades – le bruit – les files d'attente – les immeubles – le village – les distractions – le calme – l'espace – les embouteillages – la vie culturelle – le bon air – les maisons individuelles

La vie en ville : ....
....
....

La vie à la campagne : ....
....
....

DU CÔTÉ DE LA **GRAMMAIRE**

L'IMPARFAIT

2

Put the verbs in brackets into the *imparfait*.

Quand je .... (être) petit, peu de gens .... (avoir) une voiture : en général,

on .... (partir) en vacances en train. Nous, nous .... (passer) juillet et août

au même endroit parce que nos grands-parents .... (avoir) une petite maison au bord de la mer et

nous .... (aller) chez eux chaque année. Le 1ᵉʳ juillet, papa nous .... (accompagner)

à la gare et nous .... (prendre) le train avec maman et mon frère pour la Bretagne.

Ce .... (être) une époque merveilleuse !

3

a) Put the verbs in brackets into the *imparfait*.

LE JOURNALISTE : Clara, où est-ce que vous .... (habiter) quand

vous .... (être) petite ?

CLARA : Je .... (vivre) à Strasbourg avec mes parents et ma petite sœur.

LE JOURNALISTE : Vous .... (être) une enfant facile ?

CLARA : Pas du tout ! Au contraire, je .... (être) très agitée et très indisciplinée ; mes parents

.... (avoir) beaucoup de mal avec moi et puis, avec ma sœur, on .... (crier)

tout le temps. Il y .... (avoir) une ambiance explosive à la maison !

LE JOURNALISTE : Quelles .... (être) vos activités préférées ?

CLARA : Moi, je .... (faire) du foot avec les garçons et ma sœur, elle .... (jouer)

avec sa poupée. Nous .... (avoir) des caractères vraiment différents !

LE JOURNALISTE : Et physiquement, comment .... (être)-vous ?

CLARA : Je .... (être) mince, assez petite et je .... (avoir) les cheveux blonds et longs, une vraie petite fille modèle !

LE JOURNALISTE : Et qu'est-ce que vous .... (vouloir) faire plus tard comme métier ?

CLARA : Je .... (vouloir) devenir chauffeur de camion ou garagiste !

b) Answer the journalist's questions.

1. *Quand j'étais petit(e), je* ....

2. ....

3. ....

4. ....

5. ....

LA COMPARAISON

4

Fill in the blanks using *plus – moins – plus de – moins de – mieux – meilleur(e).*

<table>
<tr><td colspan="2"><h2 style="text-align:center">Tout change !</h2></td></tr>
<tr><td><h3 style="text-align:center">L'alimentation</h3></td><td><h3 style="text-align:center">La famille</h3></td></tr>
<tr><td>

À présent, nous avons une alimentation de .... qualité que dans les années 1950 : nous mangeons .... produits gras, ... sucre mais .... légumes et .... fruits. Grâce au réfrigérateur, tout est .... conservé !

</td><td>

Il y a .... familles classiques, mais .... familles recomposées, ... mariages mais .... divorces. Les adolescents sont .... indépendants et .... indisciplinés qu'avant. De leur côté, les parents sont .... sévères et .... exigeants. Enfin, les grands-parents paraissent .... jeunes et sont .... dynamiques qu'il y a trente ans.

</td></tr>
<tr><td>

Les conditions de travail

Aujourd'hui, nous sommes .... payés, nous travaillons .... heures dans la semaine et nous avons .... loisirs : nos conditions de vie sont vraiment .... !

</td><td></td></tr>
</table>

DU CÔTÉ DE LA **COMMUNICATION**

ÉVOQUER DES SOUVENIRS

5

Rearrange the sentences to reconstruct two conversations.

...... **a.** – Je cherche le nom de ce petit village sympa où on allait souvent quand on faisait du camping en Bretagne...

...... **b.** – Oh, l'histoire se passait en Virginie au siècle dernier, pendant la guerre entre les sudistes et les nordistes...

...... **c.** – Non, à côté, tu sais il y avait une petite place au centre du village...

...... **d.** – Tu te souviens de ce film, un classique américain avec Clark Gable ?

...... **e.** – Là où on allait acheter le pain et la viande ?

...... **f.** – Oui, avec Clark Gable et Vivien Leigh... Le titre du film est assez long...

...... **g.** – Oui, exactement, et le nom du village commençait par Gui...

...... **h.** – Ploumarec, peut-être ?

...... **i.** – Ah oui, *Autant en emporte le vent* !

...... **j.** – Guilvinec ?

...... **k.** – Ah oui ! C'est ça !

...... **l.** – Quel film ?

...... **m.** – Ah oui ! Ce film avec Vivien Leigh, cette belle actrice qui portait des robes longues superbes.

...... **n.** – Guilvinec, bien sûr !

EN SITUATION

COMPRENDRE – ÉCRIT ◉

SOUVENIRS D'ENFANCE

6

True or false? Read this extract from *Auto moto retro* magazine and tick the right answers.

RÉTROVISEUR

Interview d'Ysabelle Lachant, écrivaine, à propos de son dernier roman

Le visage d'Ysabelle Lachant s'illumine quand elle explique le rapport qu'il y a entre mots et mouvement : « Mes meilleurs moments d'inspiration, ils me sont venus dans une voiture. Le problème n'est pas d'écrire mais d'oublier le monde. À partir du moment où l'on est sur une autre planète, l'écriture vient ! »

Son premier souvenir de voiture ? La berline[1] de son père, lui aussi écrivain : « C'était une Frégate. Un énorme éléphant – beige en vérité – mais je la voyais rose ! Elle nous transportait, mes demi-sœurs et moi, dans notre maison du sud de la France pour les vacances. Cette Frégate était donc synonyme de voyage, mais aussi de ma place dans notre famille recomposée. J'y étais bien... Très spacieuse, elle datait du début des années 1960, ses rondeurs étaient confortables ! Mon père la conduisait avec des gants en cuir. Ce souvenir m'habite toujours.

---

1. *Berline :* grande voiture familiale.

1. Ysabelle Lachant parle de sa vie actuelle dans son dernier roman. ☐ vrai ☐ faux

2. Ysabelle Lachant se souvient d'une voiture qui appartenait à son père. ☐ vrai ☐ faux

3. La voiture était petite et de couleur rose. ☐ vrai ☐ faux

4. Ysabelle Lachant a eu une enfance heureuse dans une famille recomposée. ☐ vrai ☐ faux

S'EXPRIMER – ÉCRIT ✎

SOUVENIRS D'ENFANCE (SUITE)

7

Your turn! You want to send a letter to the magazine. On a separate sheet of paper, write about a car you remember (give details, make, colour, etc.), say what you used it for (work commute, holiday trips, etc.) and why it meant so much to you.

DU CÔTÉ DU LEXIQUE

LE MOBILIER ET LES PIÈCES DE LA MAISON

1

Find the names of the pieces of furniture or objects and complete the grid.

Horizontalement

a. pour manger – pour dormir

c. pour s'asseoir

Verticalement

1. pour les loisirs

3. pour le travail

7. pour le confort d'une personne

10. pour le confort de plusieurs personnes

	1	2	3	4	5	6	7	8	9	10
a	T									
b										
c										
d										
e										
f										
g										
h										
i										
j										

2

Say in which part of the house you can hear the following sentences. Several answers are possible.

1. Oh non ! Qui a cassé le lavabo ? ....

2. Il fait un peu froid, on rentre à l'intérieur ? ....

3. C'est pas possible ! Le réfrigérateur est vide ! ....

4. Un peu de vin avec le fromage ? ....

5. Occupé ! ....

6. Donne-moi ton tee-shirt sale, il y a encore de la place dans la machine à laver. ....

7. Allez, pose ton livre, c'est l'heure de dormir. Bonne nuit, mon chéri ! ....

8. Oh ! Il y a des méls pour toi, viens voir ! ....

DU CÔTÉ DE LA GRAMMAIRE

LES EXPRESSION TEMPORELLES IL Y A, DEPUIS

3

Complete the following messages with il y a or depuis.

Des clients satisfaits

1. Moi, je suis cliente chez Mobiprix .... sa création !

2. J'ai acheté tous mes meubles chez Mobiprix .... trois semaines et je suis ravie !

3. Mobiprix fait des promotions exceptionnelles .... lundi !

4. Mobiprix est le n° 1 du meuble .... cinq ans !

5. La chaîne des magasins Mobiprix a ouvert un nouveau magasin dans la région .... deux mois.

6. Moi, j'ai découvert les magasins Mobiprix .... deux jours, et je dis : Bravo pour les prix !

4

Complete the following e-mail with _il y a_ or _depuis_.

De :	leroux@wanadoo.fr	▲▼
À :	👤 electro@mag.fr	
Objet :	réclamation	

Madame, monsieur,
Je viens régulièrement dans votre magasin pour mes achats d'électroménager ……………………………
plusieurs années et …………………………… une semaine, j'ai choisi un réfrigérateur à 320 € dans votre
magasin de Nice. Mais …………………………… deux jours, j'ai vu le même modèle dans un autre
magasin, à 10 % moins cher ! Donc, je vous demande…

IMPARFAIT, PASSÉ COMPOSÉ, PRÉSENT

5

Fill in the blanks by putting the verbs in brackets into the appropriate tenses.

1. Avant, je …………………………… (adorer) le mobilier ancien mais un jour, j'en …………………………… (avoir)

   assez et je …………………………… (décider) de tout changer. À présent, je …………………………… (avoir)

   des meubles ultramodernes !

2. Maintenant je …………………………… (travailler) chez moi et tout …………………………… (aller) bien,

   mais l'année dernière, je …………………………… (devoir) faire 100 km par jour pour aller au bureau.

   Je …………………………… (être) épuisée ! Heureusement, on me …………………………… (proposer) ce travail

   à domicile et cela …………………………… (changer) ma vie !

3. Il y a deux ans encore, nous …………………………… (habiter) à Paris et notre fils …………………………… (être)

   toujours malade à cause de la pollution. Quand mon mari …………………………… (obtenir) un poste en province,

   nous …………………………… (quitter) la région parisienne. À présent nous …………………………… (être)

   installés près de Grenoble, et on …………………………… (respirer) l'air pur !

4. Depuis mon divorce, je …………………………… (vivre) seule, mais mon fils me …………………………… (offrir)

   un petit chien et ma vie …………………………… (se transformer) : grâce à lui, je ne

   …………………………… (être) plus déprimée.

DU CÔTÉ DE LA **COMMUNICATION**

RACONTER UN CHANGEMENT

6

a) Classify the following elements of a former smoker's story into the three categories below.

a. Je (ne plus avoir) envie de fumer.

b. Il me (indiquer) une nouvelle méthode pour arrêter.

c. Mais je (ne pas arriver) à arrêter de fumer.

d. Et je (être) heureux !

e. Je (essayer) et je (réussir).

f. Je (fumer) deux paquets par jour.

g. Je (aller) voir le docteur Morand.

h. Je (ne pas se sentir) bien.

1. La situation avant : ……………………………………………………………………………………………………

2. Les actions/événements qui sont à l'origine du changement : ……………………………………………………

3. La situation actuelle : ……………………………………………………………………………………………

b) Write the former smoker's story and put the verbs in brackets into the appropriate tenses: *présent*, *imparfait* or *passé composé*, depending on the context.

En 2003, ...

....

....

Mais un jour, ...

....

....

Maintenant, ...

....

....

EN SITUATION

S'EXPRIMER – ÉCRIT ✐

AVANT, MAINTENANT

7

Here is an extract from a women's magazine. Each month, a reader talks about the wonders of 'total makeover'. On a separate sheet of paper, describe your situation and physical appearance before, then say what has changed and describe your situation now.

HISTOIRE D'UNE TRANSFORMATION

La technique du « relooking total »
au service d'Éva Sollers, 33 ans, mariée, deux enfants.

Avant

Après

Avant, ...

Mais un jour, ...

Maintenant, ...

LE LOGEMENT

1

Complete the e-mail below using the following words.

loyer – quartier – étage – immeuble – cuisine – appartement – ascenseur – chauffage – louer – charges – refait – trois pièces – salle de bains

---

Envoyer maintenant | Options ▾ | Insérer ▾ | Catégories ▾

De : immo.centre.com

À : colino@aol.com

Cc :

Objet : recherche d'appartement

Police ▾ | Taille ▾ | G *I* S T | ≡ ≡ ≡ |

Madame,

En réponse à votre demande d'appartement à ...., je peux vous proposer un

.... dans un .... ancien qui se trouve dans un

.... très calme.

Le .... est de 700 € .... comprises. Le ....

est situé au 4ᵉ .... avec .... Il a été ....

à neuf, et comprend une .... équipée et une belle ....

Il y a un .... électrique.

Si vous êtes intéressée, téléphonez-moi et vous pourrez le visiter.
Avec mes salutations distinguées.

Vincent Garbet
Directeur de l'agence Immo-centre

2

Read the visitors' reactions and then give details on the flats using the following expressions.

clair – meublé – orienté au nord – petit – sombre – rénové – bruyant – en mauvais état – calme

Exemple : Alors, le soleil ne rentre jamais ! → L'appartement est orienté au nord.

1. Mais, on ne voit rien ! L'appartement est ....

2. Quel silence ! L'appartement est ....

3. Mais tout est à refaire ! L'appartement est ....

4. Même avec les fenêtres fermées, on ne s'entend pas ! L'appartement est ....

5. Il y a tout dedans : chaises, lits, tables, rangements ! L'appartement est ....

6. Il n'y a vraiment pas beaucoup de place ! L'appartement est ....

7. Quelle lumière ! L'appartement est ....

8. Quelle bonne surprise ! Je croyais que l'appartement était à refaire ! L'appartement est ....

DU CÔTÉ DE LA GRAMMAIRE

LES PRONOMS COMPLÉMENTS D'OBJET DIRECT ET INDIRECT

3

Rewrite each sentence as shown in the example. Use the direct object pronouns *le, la, l', les* or the indirect object pronouns *lui, leur*.

Exemple : Moi, je fais d'abord visiter l'appartement <u>au candidat</u>. ➜ Moi, je **lui** fais d'abord visiter l'appartement.

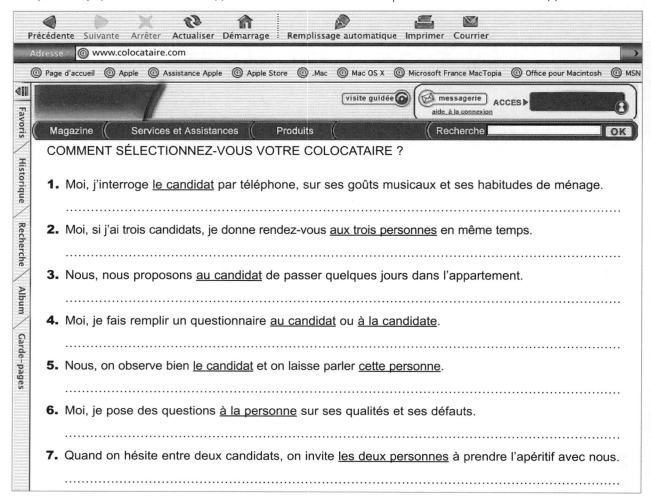

COMMENT SÉLECTIONNEZ-VOUS VOTRE COLOCATAIRE ?

1. Moi, j'interroge <u>le candidat</u> par téléphone, sur ses goûts musicaux et ses habitudes de ménage.

....

2. Moi, si j'ai trois candidats, je donne rendez-vous <u>aux trois personnes</u> en même temps.

....

3. Nous, nous proposons <u>au candidat</u> de passer quelques jours dans l'appartement.

....

4. Moi, je fais remplir un questionnaire <u>au candidat</u> ou <u>à la candidate</u>.

....

5. Nous, on observe bien <u>le candidat</u> et on laisse parler <u>cette personne</u>.

....

6. Moi, je pose des questions <u>à la personne</u> sur ses qualités et ses défauts.

....

7. Quand on hésite entre deux candidats, on invite <u>les deux personnes</u> à prendre l'apéritif avec nous.

....

4

Complete with the appropriate direct and indirect object pronouns.

Relations internationales

1. J'ai une amie française, elle s'appelle Charlotte. Je .... connais depuis longtemps. Je .... téléphone

souvent et je .... écris une ou deux fois par an. Quand je vais en France, je .... vois avec plaisir,

je .... donne rendez-vous dans un café ou je .... invite au restaurant.

2. Cher Diego,

Je suis aux États-Unis depuis deux mois. J'habite chez des amis de mes parents, M. et Mme Douglas. Ils .... ont

proposé de vivre avec eux, et je .... rends quelques petits services en échange. Ils sont très gentils,

je .... adore ! Mes parents .... connaissent bien et ils vont .... accueillir dans notre maison

de Normandie pendant les prochaines vacances. Je te .... présenterai à cette occasion.

Je .... embrasse.

Marion

S'INFORMER SUR UN LOGEMENT

5

Complete this telephone conversation with information from the ad opposite.

> **Réf. L0911327.** LYON 1er arrondissement Étudiante recherche colocataire fille ou garçon (non fumeur) pour partager T3 70 m² – 2 chambres – Sdb, wc – 4e ét. sans ascenseur. Loyer : 450 € CC. Tél. : 04 74 00 19 20

– Allô ! Bonjour, une amie m'a donné votre numéro de téléphone. Je sais que vous recherchez une colocataire, et je suis intéressée. L'appartement se trouve bien dans Lyon ?

– ....

– Quel loyer demandez-vous ?

– ....

– L'appartement est grand ?

– ....

– Il se trouve à quel étage ?

– ....

– Bien, je peux venir le visiter ?

– Oui, mais j'ai une question à vous poser : .... ?

– ....

– Très bien ! Alors vous pouvez venir demain après-midi si vous voulez.

EN SITUATION

S'EXPRIMER – ÉCRIT

COLOCATAIRES

6

a) Read the ad opposite.

> **COLOCATION**
> Benoît, Grégory, Clément
> n° H058046
> Ville : Montpellier
> Rue : Felix-Satut
> Loyer : 270 € par mois
> Disponible fin septembre
> Infos perso : Benoît, 20 ans, étudiant non fumeur
> Grégory, 25 ans, salarié, non fumeur
> Clément, 21 ans, étudiant, non fumeur
> Nous sommes trois copains qui s'entendent bien et nous recherchons un 4e colocataire pour partager notre grand 5-pièces. Alors, fille ou garçon, non fumeur, on attend votre candidature ! Animal (chat ou petit chien) accepté.

b) You have been chosen to be the fourth flatmate. You have just moved in. On a separate sheet of paper, write a letter to a friend and tell him/her about your new place. Give details on the flat itself, your room; talk about your relationship with the other three flatmates; invite your friend to come and visit you.

DU CÔTÉ DU LEXIQUE

RÈGLES ET RÈGLEMENTS

1

Complete this extract from the swimming pool rules and regulations, using the following words.

admis – défense – recommandé – interdiction – interdit(e)(s)

1.
2.
3.
4.
5.

6.
7.
8.
9.

1. Il est .... de courir autour des bassins.

2. .... de manger dans la piscine.

3. Les caleçons de bain sont ...., seuls les maillots sont autorisés.

4. Les animaux ne sont pas ...., ni à l'accueil ni autour des bassins.

5. Pataugeoire : .... aux enfants de plus de sept ans.

6. .... de marcher autour des bassins avec des chaussures.

7. Les enfants de moins de dix ans sont .... dans la piscine s'ils sont accompagnés par un adulte.

8. Il est .... de porter un bonnet de bain, pour des raisons d'hygiène.

9. Les toboggans sont .... aux enfants de moins de quatre ans.

DU CÔTÉ DE LA GRAMMAIRE

IL NE FAUT PAS/VOUS NE DEVEZ PAS... + INFINITIF

2

Reformulate the following bans using oral then written structures.

Oral : *Il ne faut pas/Vous ne devez pas/Vous ne pouvez pas/On ne doit pas/C'est défendu de* + infinitif, impératif négatif.
Écrit : *Interdiction de/Défense de/Il est interdit de* + infinitif.

Pendant l'examen

1. ne pas utiliser les téléphones portables

....

....

2. ne pas consulter de documents

....

....

3. ne pas parler à son voisin

....

....

4. ne pas écrire sur les tables

....

....

5. ne pas sortir de la salle sans autorisation

....

....

6. ne pas rendre sa copie en retard

....

....

IL FAUT/ÉVITER DE + INFINITIF

3

Give advice using the imperative, *il faut* + infinitive, or *éviter de* + infinitive.

se reposer – bien dormir – ne pas trop travailler – faire un peu de sport – aller au cinéma – se coucher tôt – ne pas trop manger – ne pas boire d'alcool – avoir confiance en soi

Quelques jours avant un examen

....

....

....

....

....

....

....

DU CÔTÉ DE LA **COMMUNICATION**

EXPRIMER DES INTERDICTIONS

4

Say where you can read the following messages.

1. Interdit aux moins de seize ans. ....

2. Reproduction interdite. ....

3. Pêche interdite. ....

4. Entrée interdite. ....

5. Défense de parler au conducteur. ....

6. Défense de déposer des ordures. ....

5

Match the drawings and the bans.

Les interdictions dans la ville

...... **1.** Défense d'afficher

...... **2.** Défense de stationner

...... **3.** Sens interdit

...... **4.** Interdiction de doubler

...... **5.** Les chiens ne sont pas admis

...... **6.** Interdit aux poids lourds

...... **7.** Il est défendu de klaxonner

FAIRE DES RECOMMANDATIONS

6

Complete the mini-dialogues by giving advice.

Dans un restaurant

1. – Le lapin aux olives est bon ?

– Oui, mais il n'y en a plus. ....

2. – Je n'aime que le vin rouge.

– Alors, ...

3. – Je ne peux pas manger n'importe quoi, je suis au régime !

– Alors, ...

Chez le médecin

4. – J'ai beaucoup de travail et je dors mal en ce moment.

– ....

5. – Je peux recommencer à faire du sport ?

– Non, ...

6. – J'ai pris trois kilos en une semaine !

– ....

Dans la classe

7. – Cet exercice est difficile, je n'arrive pas à le faire.

– Alors, ...

8. – Je ne comprends pas ce mot.

– ....

9. – Pouvez-vous répéter, s'il vous plaît ?

– Oui, mais ....

COMPRENDRE – ÉCRIT 👁

CONSEILS UTILES

7

Say whether the following recommendations are good or bad advice. Justify your answers.

Guide pour bien apprendre le français

1. Il faut prendre des notes pendant le cours. ....
....

2. Quand vous écoutez un dialogue, lisez la transcription en même temps. ....
....

3. N'hésitez pas à poser des questions à votre professeur. ....
....

4. Évitez de consulter systématiquement votre dictionnaire. ....
....

5. Exprimez-vous seulement quand vous êtes certain(e) de ne pas faire d'erreurs. ....
....

6. Acceptez de ne pas comprendre chaque mot. ....
....

7. Apprenez toutes les conjugaisons par cœur. ....
....

8. Ne parlez pas avec votre voisin pendant le cours. ....
....

9. Il faut traduire tous les textes que vous travaillez en classe. ....
....

10. Prenez conscience de vos manières d'apprendre. ....
....

S'EXPRIMER – ÉCRIT ✐

CONSEILS UTILES (SUITE)

8

On a separate sheet of paper, give advice on how to learn, understand, speak and write in French.

PORTFOLIO

FENÊTRE SUR... (A1)

I can understand

	À L'ORAL Acquis	À L'ORAL En cours d'acquisition	À L'ÉCRIT Acquis	À L'ÉCRIT En cours d'acquisition
– when someone introduces himself/herself (surname, first name, nationality)	☐	☐	☐	☐
– when someone asks what my surname is	☐	☐	☐	☐
– when someone asks what my first name is	☐	☐	☐	☐
– when someone asks what my mother tongue is	☐	☐	☐	☐
– when someone asks what nationality I am	☐	☐	☐	☐
– when someone says a number	☐	☐	☐	☐

I can express myself and interact

	À L'ORAL Acquis	À L'ORAL En cours d'acquisition	À L'ÉCRIT Acquis	À L'ÉCRIT En cours d'acquisition
– introduce myself	☐	☐	☐	☐
– spell my name	☐	☐	☐	☐
– write my first name	☐	☐	☐	☐
– get acquainted with people	☐	☐	☐	☐
– say what my mother tongue is	☐	☐	☐	☐
– say what nationality I am	☐	☐	☐	☐
– say a number	☐	☐	☐	☐
– write a number	☐	☐	☐	☐
– interact in the classroom	☐	☐	☐	☐

DOSSIER 1 (A1)

I can understand

	À L'ORAL Acquis	À L'ORAL En cours d'acquisition	À L'ÉCRIT Acquis	À L'ÉCRIT En cours d'acquisition
– when someone introduces himself/herself (name, age, hobbies)	☐	☐	☐	☐
– when someone asks my name	☐	☐	☐	☐
– when someone asks how old I am	☐	☐	☐	☐
– when someone asks questions about my activities, my studies	☐	☐	☐	☐
– when someone says the time or the date	☐	☐	☐	☐
– the relationships between people	☐	☐	☐	☐
❄				
– an identity form, an enrolment form	☐	☐	☐	☐
– simple questions about identity	☐	☐	☐	☐
– information on a business card	☐	☐	☐	☐
– when someone gives his/her date of birth, his/her address	☐	☐	☐	☐
– when someone asks when I was born	☐	☐	☐	☐
– when someone asks me for my address	☐	☐	☐	☐
– when someone asks me for my telephone number	☐	☐	☐	☐
– when someone asks me for my e-mail address	☐	☐	☐	☐
– when someone announces a price, figures	☐	☐	☐	☐

❄

	À L'ORAL		À L'ÉCRIT	
	Acquis	**En cours d'acquisition**	**Acquis**	**En cours d'acquisition**
– a simple conversation about a familiar topic	☐	☐	☐	☐
– when someone says what he/she does for a living	☐	☐	☐	☐
– when someone says what country he/she comes from	☐	☐	☐	☐
– when someone talks about his/her likes and dislikes, passions, dreams	☐	☐	☐	☐
– when someone asks what I do for a living	☐	☐	☐	☐
– when someone asks what country I come from	☐	☐	☐	☐
– when someone asks about my likes and dislikes, passions, dreams	☐	☐	☐	☐
❄				
– information about France and Europe	☐	☐	☐	☐

I can express myself and interact

	À L'ORAL		À L'ÉCRIT	
– greet people in a formal or informal way	☐	☐	☐	☐
– say goodbye	☐	☐	☐	☐
– say how old I am	☐	☐	☐	☐
– talk about what I do, what I study	☐	☐	☐	☐
– say the exact time, what part of the day it is	☐	☐	☐	☐
– say the days of the week	☐	☐	☐	☐
– identify people who introduce themselves, their relationship	☐	☐	☐	☐
– say where a conversation takes place.	☐	☐	☐	☐
– identify the relationships between people	☐	☐	☐	☐
– say when a conversation takes place	☐	☐	☐	☐
– describe in a few words my relationships, my activities	☐	☐	☐	☐
❄				
– ask simple questions	☐	☐	☐	☐
– make polite requests	☐	☐	☐	☐
– say what the purpose of a conversation is	☐	☐	☐	☐
– ask the price of something	☐	☐	☐	☐
– give my date of birth	☐	☐	☐	☐
– give my telephone number	☐	☐	☐	☐
– give my address	☐	☐	☐	☐
– name the months (of the year)	☐	☐	☐	☐
– undertake arithmetic operations	☐	☐	☐	☐
– give figures	☐	☐	☐	☐
– give my e-mail address	☐	☐	☐	☐
– fill in an enrolment form	☐	☐	☐	☐
❄				
– identify short, simple documents (ads, enrolment forms, etc.)	☐	☐	☐	☐
– identify the function of a document	☐	☐	☐	☐
– say what someone's profession is	☐	☐	☐	☐
– say what country someone is from	☐	☐	☐	☐
– give personal details	☐	☐	☐	☐
– talk about a passion, a dream	☐	☐	☐	☐
– talk about my likes and dislikes	☐	☐	☐	☐

	À L'ORAL		À L'ÉCRIT	
	Acquis	En cours d'acquisition	Acquis	En cours d'acquisition

DOSSIER 2 (A1)

I can understand

	Acquis (Oral)	En cours (Oral)	Acquis (Écrit)	En cours (Écrit)
– a street interview about a familiar topic	☐	☐	☐	☐
– when someone talks about his/her town, neighbourhood, a specific place in town	☐	☐	☐	☐
– when someone explains where a place is located in simple language	☐	☐	☐	☐
– when someone explains why he/she likes something or not	☐	☐	☐	☐
– when someone talks about an activity	☐	☐	☐	☐
– when someone explains why he/she does an activity	☐	☐	☐	☐
– when someone says when he/she does an activity	☐	☐	☐	☐
– keys on a map	☐	☐	☐	☐
❋				
– a simple description of accommodation	☐	☐	☐	☐
– a booking request form for accommodation (dates, times, facilities, booking conditions, prices, etc.)	☐	☐	☐	☐
– a short telephone conversation	☐	☐	☐	☐
❋				
– letters to and from friends or family	☐	☐	☐	☐
– who the sender and addressee of a written message are	☐	☐	☐	☐
– where a written message is from	☐	☐	☐	☐
– the relationships between people in a written message	☐	☐	☐	☐
– basic information about a place	☐	☐	☐	☐
– basic weather information	☐	☐	☐	☐
– when someone says what he/she feels about a place	☐	☐	☐	☐
– simple messages on an answering machine	☐	☐	☐	☐
❋				
– information about Paris	☐	☐	☐	☐

I can express myself and interact

	Acquis (Oral)	En cours (Oral)	Acquis (Écrit)	En cours (Écrit)
– name a place in town	☐	☐	☐	☐
– say where a place is located in simple language	☐	☐	☐	☐
– talk about my likes and dislikes and justify in a few words	☐	☐	☐	☐
– give information about an activity	☐	☐	☐	☐
– say in a few words what the purpose of an activity is	☐	☐	☐	☐
– say when an activity takes place	☐	☐	☐	☐
❋				
– thank, react, express myself politely	☐	☐	☐	☐
– obtain information about accommodation	☐	☐	☐	☐
– give information about accommodation	☐	☐	☐	☐
– justify in a few words a choice of accommodation	☐	☐	☐	☐
– give simple directions	☐	☐	☐	☐
– say where I go	☐	☐	☐	☐
– say what I prefer	☐	☐	☐	
❋				
– say who the sender of a written message is	☐	☐	☐	☐
❋				

	À L'ORAL		À L'ÉCRIT	
	Acquis	En cours d'acquisition	Acquis	En cours d'acquisition
– say who the adressee of a written message is	☐	☐	☐	☐
– say what the place mentioned in the message is	☐	☐	☐	☐
– say how I feel about a place in simple language	☐	☐	☐	☐
– give basic informatrion about a place	☐	☐	☐	☐
– give basic information about the weather	☐	☐	☐	☐
– say what country I come from and what country I am going to	☐	☐	☐	☐
– talk about activities	☐	☐	☐	☐
– point to something	☐	☐	☐	☐
– write a postcard to a friend	☐	☐	☐	☐
– use phrases of greeting in letters to friends and family	☐	☐	☐	☐
– talk about my holiday (places, activities, impressions and feelings)	☐	☐	☐	☐

DOSSIER 3 (A1)

I can understand

	À L'ORAL		À L'ÉCRIT	
– a short, simple magazine article	☐	☐	☐	☐
– a survey about an everyday topic	☐	☐	☐	☐
– an account on a familiar topic	☐	☐	☐	☐
– results of a survey on a familiar topic	☐	☐	☐	☐
– when someone talks about his/her likes and dislikes	☐	☐	☐	☐
– when someone talks about his/her profession	☐	☐	☐	☐
– when someone talks about his/her way of life	☐	☐	☐	☐
❄				
– when someone talks about a leisure trip	☐	☐	☐	☐
– when someone talks about his/her usual activities	☐	☐	☐	☐
– ads in which people introduce themselves	☐	☐	☐	☐
– when someone describes his/her physical appearance	☐	☐	☐	☐
– when someone talks about his/her nature, his/her qualities and failings	☐	☐	☐	☐
– when someone talks about his/her main interests/hobbies	☐	☐	☐	☐
❄				
– a phone conversation	☐	☐	☐	☐
– an invitation	☐	☐	☐	☐
– an invitation to go out	☐	☐	☐	☐
– when someone accepts or declines an invitation	☐	☐	☐	☐
– when someone apologizes	☐	☐	☐	☐
– when someone congratulates someone	☐	☐	☐	☐
– when someone offers his/her help	☐	☐	☐	☐
– when someone says where to meet	☐	☐	☐	☐
– when someone gives simple instructions	☐	☐	☐	☐
❄				
– when someone talks about his/her sport activities	☐	☐	☐	☐

	À L'ORAL		À L'ÉCRIT	
	Acquis	En cours d'acquisition	Acquis	En cours d'acquisition
I can express myself and interact				
– express my likes and dislikes	☐	☐	☐	☐
– explain my way of life, my job	☐	☐	☐	☐
– give simple directions	☐	☐	☐	☐
– talk about my sport and cultural activities	☐	☐	☐	☐
– talk about my pet	☐	☐	☐	☐
– compare the results of a survey (points in common, differences)	☐	☐	☐	☐
❄				
– describe a person's physical appearance	☐	☐	☐	☐
– describe a person's personality	☐	☐	☐	☐
– talk about my main interests	☐	☐	☐	☐
– talk about my nature	☐	☐	☐	☐
– describe my physical appearance	☐	☐	☐	☐
– talk about my qualities and failings	☐	☐	☐	☐
– talk about someone's behaviour	☐	☐	☐	☐
– write an ad to describe someone	☐	☐	☐	☐
❄				
– suggest an outing	☐	☐	☐	☐
– accept	☐	☐	☐	☐
– refuse	☐	☐	☐	☐
– agree to meet (time, date, place)	☐	☐	☐	☐
– express will/desire	☐	☐	☐	☐
– express availability	☐	☐	☐	☐
– express obligation	☐	☐	☐	☐
– speak on the telephone	☐	☐	☐	☐
– discuss an activity	☐	☐	☐	☐
– congratulate someone in simple language	☐	☐	☐	☐
– give simple instructions	☐	☐	☐	☐
❄				
– talk about my sport activities	☐	☐	☐	☐

DOSSIER 4 (A1)

I can understand

	À L'ORAL		À L'ÉCRIT	
– signs and information boards in shops and public places	☐	☐	☐	☐
– the difference between time expressed officially and in a conversation	☐	☐	☐	☐
– opening and closing times of public places	☐	☐	☐	☐
– interactions in public places	☐	☐	☐	☐
– when someone talks about his/her daily routine	☐	☐	☐	☐
– when someone gives a timetable	☐	☐	☐	☐
– a TV programme	☐	☐	☐	☐
❄				

	À L'ORAL		À L'ÉCRIT	
	Acquis	En cours d'acquisition	Acquis	En cours d'acquisition
– when someone talks about his/her timetable	☐	☐	☐	☐
– when someone mentions a specific moment in a day	☐	☐	☐	☐
– when someone expresses how regularly and how often he/she does something	☐	☐	☐	☐
– a page from a diary	☐	☐	☐	☐
– when someone relates the events of a day	☐	☐	☐	☐
– the chronology of a story	☐	☐	☐	☐
❊				
– a questionnaire on a familiar topic	☐	☐	☐	☐
– when someone talks about his/her country's celebrations	☐	☐	☐	☐
– when someone talks about his/her immediate plans	☐	☐	☐	☐
– when someone talks about (close) family relationships	☐	☐	☐	☐
❊				
– when someone talks about French celebrations and traditions	☐	☐	☐	☐

I can express myself and interact

	À L'ORAL		À L'ÉCRIT	
– ask for/tell the time	☐	☐	☐	☐
– give opening and closing times of public places	☐	☐	☐	☐
– describe daily routines	☐	☐	☐	☐
– relate a series of actions as they happened	☐	☐	☐	☐
– express how often I do things	☐	☐	☐	☐
– talk about my favourite daily activity	☐	☐	☐	☐
– talk about moments in a day	☐	☐	☐	☐
– express my opinion about daily activities in simple language	☐	☐	☐	☐
– talk about my likes and dislikes concerning TV programmes	☐	☐	☐	☐
– write a short article on people's daily routines	☐	☐	☐	☐
❊				
– describe a typical day	☐	☐	☐	☐
– give information about my timetable	☐	☐	☐	☐
– indicate a specific moment	☐	☐	☐	☐
– compare the pace of life of different people	☐	☐	☐	☐
– refer to past actions	☐	☐	☐	☐
– relate the events of a day	☐	☐	☐	☐
❊				
– ask someone questions	☐	☐	☐	☐
– give information about/describe a party (actions, time, place)	☐	☐	☐	☐
– situate an event in time (before/during)	☐	☐	☐	☐
– write a simple questionnaire	☐	☐	☐	☐
– talk about my immediate plans	☐	☐	☐	☐
– compare situations here and elsewhere in simple language	☐	☐	☐	☐
– write a brief summary of a plan	☐	☐	☐	☐

	À L'ORAL		À L'ÉCRIT	
	Acquis	En cours d'acquisition	Acquis	En cours d'acquisition

DOSSIER 5 (A1 → A2)

I can understand

	Acquis	En cours d'acquisition	Acquis	En cours d'acquisition
– family announcements	☐	☐	☐	☐
– when someone describes family links	☐	☐	☐	☐
– when someone reacts to a family event	☐	☐	☐	☐
– when someone talks about his/her family	☐	☐	☐	☐
– when someone asks news/gives news about himself/herself	☐	☐	☐	☐
– when someone talks about his/her health	☐	☐	☐	☐
❄				
– when someone talks on the telephone	☐	☐	☐	☐
– when someone talks about his/her latest activities or activities to come	☐	☐	☐	☐
– the description of a phenomenon of society	☐	☐	☐	☐
– percentages	☐	☐	☐	☐
– statistics	☐	☐	☐	☐
❄				
– a short article on someone's private life	☐	☐	☐	☐
– references to past events	☐	☐	☐	☐
– simple information about someone's biography	☐	☐	☐	☐
– the description of someone's physical appearance	☐	☐	☐	☐
❄				
– a short biography	☐	☐	☐	☐

I can express myself and interact

	Acquis	En cours d'acquisition	Acquis	En cours d'acquisition
– announce a family event	☐	☐	☐	☐
– react to a family event	☐	☐	☐	☐
– talk about my family	☐	☐	☐	☐
– say what belongs to me	☐	☐	☐	☐
– ask about someone	☐	☐	☐	☐
– say what I have been doing	☐	☐	☐	☐
– express physical pain	☐	☐	☐	☐
❄				
– call someone on the telephone/answer the telephone	☐	☐	☐	☐
– react to an event	☐	☐	☐	☐
– announce a recent event or an event to come	☐	☐	☐	☐
– talk about a recent action	☐	☐	☐	☐
❄				
– refer to past events	☐	☐	☐	☐
– talk about the major events in a person's life	☐	☐	☐	☐
– describe someone's physical appearance	☐	☐	☐	☐
❄				
– write a broad outline of a biography	☐	☐	☐	☐

	À L'ORAL		À L'ÉCRIT	
	Acquis	En cours d'acquisition	Acquis	En cours d'acquisition

DOSSIER 6 (A1 → A2)

I can understand

	Acquis (oral)	En cours (oral)	Acquis (écrit)	En cours (écrit)
– a short interview	☐	☐	☐	☐
– when someone talks about sensations/perceptions	☐	☐	☐	☐
– when someone expresses feelings	☐	☐	☐	☐
– simple information about climate, seasons, temperatures	☐	☐	☐	☐
❄				
– an extract from a tourist brochure	☐	☐	☐	☐
– directions indicating a geographical location	☐	☐	☐	☐
– a simple description of a geographical location	☐	☐	☐	☐
❄				
– tourist information about places and activities	☐	☐	☐	☐
– a tour programme of a town	☐	☐	☐	☐
– suggestions/advice for future activities	☐	☐	☐	☐
– when someone talks about what he/she is doing	☐	☐	☐	☐
– a holiday letter	☐	☐	☐	☐

I can express myself and interact

	Acquis (oral)	En cours (oral)	Acquis (écrit)	En cours (écrit)
– talk about seasons	☐	☐	☐	☐
– talk about my favourite season	☐	☐	☐	☐
– say what the weather is/was like	☐	☐	☐	☐
– situate an event in the year	☐	☐	☐	☐
– talk about my sensations	☐	☐	☐	☐
– talk about my feelings	☐	☐	☐	☐
– take notes from an audio document	☐	☐	☐	☐
❄				
– locate a place geographically	☐	☐	☐	☐
– present and describe a place geographically	☐	☐	☐	☐
– talk about my outdoor activities	☐	☐	☐	☐
– write a short text for tourists	☐	☐	☐	☐
❄				
– recommend activities	☐	☐	☐	☐
– write a tour programme	☐	☐	☐	☐
– talk about my tourist activities	☐	☐	☐	☐
– talk about my cultural leisure activities	☐	☐	☐	☐
– write a short holiday letter	☐	☐	☐	☐

DOSSIER 7 (A1/A2)

I can understand

	Acquis (oral)	En cours (oral)	Acquis (écrit)	En cours (écrit)
– when someone names items of food	☐	☐	☐	☐
– when someone talks about dishes	☐	☐	☐	☐

	À L'ORAL		À L'ÉCRIT	
	Acquis	En cours d'acquisition	Acquis	En cours d'acquisition
– when someone talks about the ingredients of a dish	☐	☐	☐	☐
– a menu	☐	☐	☐	☐
– an interview on eating habits	☐	☐	☐	☐
– quantities	☐	☐	☐	☐
– a few expressions of frequency	☐	☐	☐	☐
❅				
– a page from a fashion magazine	☐	☐	☐	☐
– comments on people's looks	☐	☐	☐	☐
– an advertising leaflet	☐	☐	☐	☐
– advice on what to wear	☐	☐	☐	☐
❅				
– a short presentation of an object	☐	☐	☐	☐
– the description of an object and its function	☐	☐	☐	☐
❅				
– a short poem	☐	☐	☐	☐

I can express myself and interact

	À L'ORAL		À L'ÉCRIT	
– name items of food	☐	☐	☐	☐
– talk about what I eat	☐	☐	☐	☐
– write a menu	☐	☐	☐	☐
– indicate quantities	☐	☐	☐	☐
– talk about my eating habits	☐	☐	☐	☐
– talk about my food likes and dislikes	☐	☐	☐	☐
– express frequency	☐	☐	☐	☐
– compare eating habits	☐	☐	☐	☐
❅				
– make a positive/negative assessment of someone's appearance (dress, physical appearance)	☐	☐	☐	☐
– give a qualified opinion	☐	☐	☐	☐
– advise someone on what to wear/his or her appearance	☐	☐	☐	☐
– describe a garment (size, colour, etc.)	☐	☐	☐	☐
❅				
– describe an object	☐	☐	☐	☐
– describe its function	☐	☐	☐	☐
– say how heavy it is	☐	☐	☐	☐
– say what shape it is	☐	☐	☐	☐
– say what colour it is	☐	☐	☐	☐
– say what it is made of	☐	☐	☐	☐
– say its price	☐	☐	☐	☐
– advise a friend or family member who wants to buy a gift	☐	☐	☐	☐
– write a short descriptive text on an object for a magazine	☐	☐	☐	☐
❅				
– talk about my favourite colour	☐	☐	☐	☐
– write a short poem	☐	☐	☐	☐

	À L'ORAL		À L'ÉCRIT	
	Acquis	En cours d'acquisition	Acquis	En cours d'acquisition

DOSSIER 8 (A1/A2)

I can understand

	À L'ORAL Acquis	En cours d'acquisition	À L'ÉCRIT Acquis	En cours d'acquisition
– when someone talks about a shop	☐	☐	☐	☐
– signs in shops	☐	☐	☐	☐
– a dialogue between a shopkeeper and a customer in a food shop	☐	☐	☐	☐
– the description of food items	☐	☐	☐	☐
– when someone mentions precise quantities	☐	☐	☐	☐
– a shopping list	☐	☐	☐	☐
❄				
– show advertising posters	☐	☐	☐	☐
– when someone makes a limited offer	☐	☐	☐	☐
– a booking for a show	☐	☐	☐	☐
– when someone suggests an outing	☐	☐	☐	☐
– when someone gives his/her opinion about an outing	☐	☐	☐	☐
– when someone asks information about a show	☐	☐	☐	☐
❄				
– a short presentation of a restaurant in a magazine	☐	☐	☐	☐
– the description of a restaurant	☐	☐	☐	☐
– the type of cuisine served	☐	☐	☐	☐
– when someone orders in a restaurant	☐	☐	☐	☐
– when someone recommends a dish	☐	☐	☐	☐
– when someone expresses his/her satisfaction	☐	☐	☐	☐
– when someone expresses dissatisfaction	☐	☐	☐	☐
❄				
– a description of a food budget	☐	☐	☐	☐
– a survey on the cultural outings and visits of the French	☐	☐	☐	☐
– figures, statistics	☐	☐	☐	☐

I can express myself and interact

	À L'ORAL Acquis	En cours d'acquisition	À L'ÉCRIT Acquis	En cours d'acquisition
– name shops	☐	☐	☐	☐
– write a detailed shopping list	☐	☐	☐	☐
– indicate quantities	☐	☐	☐	☐
– describe food items	☐	☐	☐	☐
❄				
– suggest an outing using simple arguments	☐	☐	☐	☐
– make a booking	☐	☐	☐	☐
– express my opinion about an outing	☐	☐	☐	☐
– make a positive/negative comment about a show	☐	☐	☐	☐
– express restriction	☐	☐	☐	☐
❄				
– describe a restaurant (setting, atmosphere, service, food, prices, etc.)	☐	☐	☐	☐
– order in a restaurant	☐	☐	☐	☐
– recommend a dish	☐	☐	☐	☐
– describe a dish	☐	☐	☐	☐

	À L'ORAL		À L'ÉCRIT	
	Acquis	En cours d'acquisition	Acquis	En cours d'acquisition
– make a positive/negative assessment of a dish	☐	☐	☐	☐
– express satisfaction	☐	☐	☐	☐
– express dissatisfaction	☐	☐	☐	☐
– recommend or advise against a restaurant	☐	☐	☐	☐
– justify my choice in simple language	☐	☐	☐	☐
❋				
– talk about my food budget	☐	☐	☐	☐
– talk about my cultural outings	☐	☐	☐	☐
– state my priorities in my leisure activities	☐	☐	☐	☐

DOSSIER 9 (A1/A2)

I can understand

	À L'ORAL		À L'ÉCRIT	
– the recollection of memories	☐	☐	☐	☐
– a childhood memory	☐	☐	☐	☐
– the recollection of the past and how life used to be	☐	☐	☐	☐
– the description of places from the past	☐	☐	☐	☐
– an opinion about a place	☐	☐	☐	☐
– the comparison of living conditions: advantages and drawbacks	☐	☐	☐	☐
– an interview on the radio on a familiar topic	☐	☐	☐	☐
– when someone explains his/her reasons in simple language	☐	☐	☐	☐
❋				
– a simple description of housing (inside and outside)	☐	☐	☐	☐
– when someone talks about furniture	☐	☐	☐	☐
– what the rooms are for	☐	☐	☐	☐
– housing improvements	☐	☐	☐	☐
– changes made over time	☐	☐	☐	☐
❋				
– when someone asks basic information about housing	☐	☐	☐	☐
– a property ad	☐	☐	☐	☐
– abbreviations in property ads	☐	☐	☐	☐
– the description of housing	☐	☐	☐	☐
– an account relating to co-tenancy	☐	☐	☐	☐
❋				
– a short literary text	☐	☐	☐	☐

I can express myself and interact

	À L'ORAL		À L'ÉCRIT	
– recall childhood memories	☐	☐	☐	☐
– recall a past lifestyle	☐	☐	☐	☐
– compare past and present lifestyles	☐	☐	☐	☐
– describe living conditions and housing in simple language	☐	☐	☐	☐
– give a positive/negative description of a lifestyle	☐	☐	☐	☐
– write a short account for a magazine	☐	☐	☐	☐
– express my opinion on my living conditions	☐	☐	☐	☐
❋				

	À L'ORAL		À L'ÉCRIT	
	Acquis	**En cours d'acquisition**	**Acquis**	**En cours d'acquisition**
– give a simple description of housing	☐	☐	☐	☐
– name pieces of furniture	☐	☐	☐	☐
– explain housing improvements	☐	☐	☐	☐
– situate an event in time	☐	☐	☐	☐
– share a memory that has to do with a specific house or flat	☐	☐	☐	☐
❄				
– ask for information about a house	☐	☐	☐	☐
– describe a house or flat	☐	☐	☐	☐
– talk about my relationships with my roommates	☐	☐	☐	☐
– talk about an everyday life experience	☐	☐	☐	☐
– express an opinion on my relationships	☐	☐	☐	☐
– write a small ad	☐	☐	☐	☐
❄				
– express my opinion on a place to live	☐	☐	☐	☐
– write a short text in a literary style	☐	☐	☐	☐
– talk about memories of a specific house or flat	☐	☐	☐	☐

HORIZONS (A1/A2)

I can understand

	À L'ORAL		À L'ÉCRIT	
– a comic strip	☐	☐	☐	☐
– the description of different types of behaviour	☐	☐	☐	☐
– references to cultural differences	☐	☐	☐	☐
– the comparison of different types of behaviour	☐	☐	☐	☐
– the expression of psychological reactions	☐	☐	☐	☐
– signs/instructions in public places	☐	☐	☐	☐
– a ban	☐	☐	☐	☐
– a recommendation	☐	☐	☐	☐
– a text about savoir-faire and customs in different countries	☐	☐	☐	☐
– a questionnaire about French culture	☐	☐	☐	☐

I can express myself and interact

	À L'ORAL		À L'ÉCRIT	
– express my opinion on behaviour	☐	☐	☐	☐
– compare customs	☐	☐	☐	☐
– recommend/allow/forbid	☐	☐	☐	☐
– give simple instructions	☐	☐	☐	☐
– ask for/give advice on language learning	☐	☐	☐	☐
– write a few rules about savoir-faire	☐	☐	☐	☐
– answer a questionnaire about French culture	☐	☐	☐	☐

STUDENT'S BOOK CD TRACK LISTING

ALTER EGO 1 - CD ÉLÈVE

1. Copyright

FENÊTRE SUR...
2. Activité 2
3. Activité 9
4. Activité 14

DOSSIER 1 - LES UNS, LES AUTRES
Leçon 1 - Sur le campus
5. Activité 2
Leçon 2 - M, comme médiathèque
6. Activité 1
Leçon 3 - En direct de TV5
7. Activité 2

DOSSIER 2 - ICI, AILLEURS
Leçon 1 - Le quartier a la parole
8. Activité 1
Leçon 2 - Passer une nuit...
9. Activité 2
10. Activité 10

DOSSIER 3 - DIS-MOI QUI TU ES
Leçon 2 - Toujours célibataire ?
11. Activité 11
Leçon 3 - J'ai rendez-vous avec vous
12. Activité 1

DOSSIER 4 - UNE JOURNÉE PARTICULIÈRE
Leçon 1 - Au fil des heures
13. Activité 1
Leçon 3 - Jours de fête
14. Activité 3

DOSSIER 5 - VIE PRIVÉE, VIE PUBLIQUE
Leçon 1 - Carnet du jour
15. Activité 8
Leçon 2 - Familles d'aujourd'hui
16. Activité 1

DOSSIER 6 - VOYAGES, VOYAGES
Leçon 1 - Revenir à Montréal
17. Activité 3
Leçon 2 - La France des trois océans
18. Activité 4
Leçon 3 - Bruxelles, cœur de l'Europe
19. Activité 6

DOSSIER 7 - C'EST MON CHOIX
Leçon 1 - Les goûts et les couleurs
20. Activité 2
21. Activité 6
Leçon 2 - Quelle allure !
22. Activité 13
Leçon 3 - Des cadeaux pour tous
23. Activité 5

DOSSIER 8 - POUR LE PLAISIR
Leçon 1 - Pour quelques euros de plus
24. Activité 2
25. Activité 9
Leçon 2 - Les feux de la rampe
26. Activité 4
27. Activité 9
Leçon 3 - Un dîner en ville
28. Activité 5

DOSSIER 9 - LIEUX DE VIE
Leçon 1 - Changement de décor
29. Activité 11
Leçon 2 - Votre maison a une âme
30. Activité 10
Leçon 3 - Cherchons colocataires
31. Activité 4
32. Activité 7

HORIZONS
33. Activité 8

1 c

1 pg 90 - 91 : character description ⎫
2 pg 92 - 95 : character description ⎬ passé composé
D6 3 pg 98 - 101 : climate, senses
4 pg 102 - 103 : 3 oceans, location
5 pg 104 - 105 : outdoor activities, describing a place, 'y'
✗ 6 pg 106 - 109 : être en train de, futur simple, Bruxelles - touriste activities
7 pg 108 - 109 : 'on', les gens, quelqu'un, clairvoyant, vaction lette
D7 ✗ 8 pg 114 - 116 : ø v. õ, food, articles
9 pg 116 - 117 : food, articles → de w/ quantity modification, frequency
10
11
12

Achevé d'imprimer par Rotolito Lombarda - Italie
Dépôt légal: 01/2011 - édition n° 05
15/5519/2